5.-8. Schuljahr

Gabriela Rosenwald

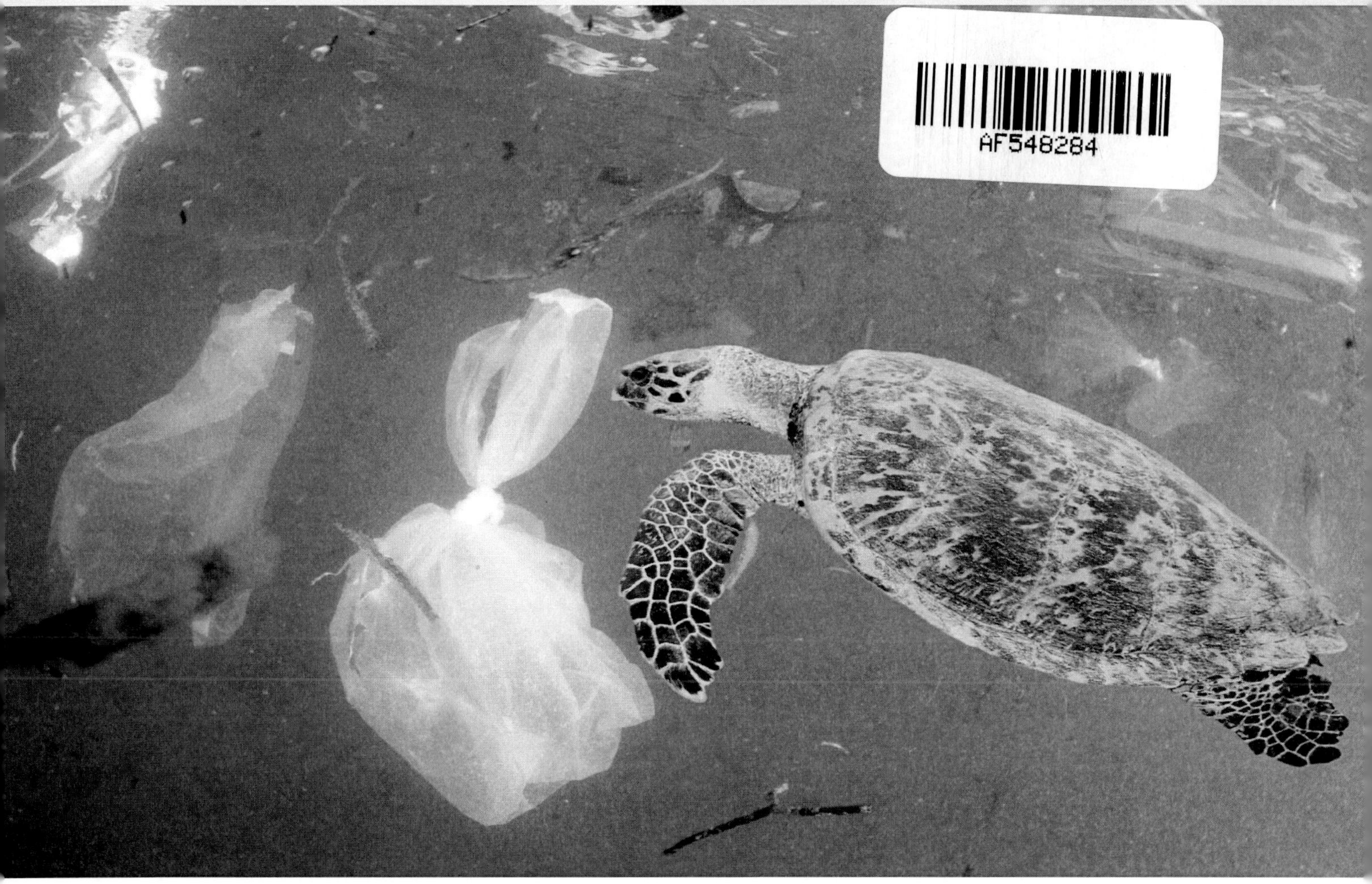

Lernwerkstatt Plastik

Eine Gefahr für die Umwelt

Vom Segen zum Fluch ...
Warum Plastik Mensch und Tier bedroht

www.kohlverlag.de

Lernwerkstatt PLASTIK

Eine Gefahr für die Umwelt

2. Auflage 2024

Inhalt: Gabriela Rosenwald
Coverbild: © Richard Carey – AdobeStock.com
Redaktion: Kohl-Verlag
Grafik & Satz: Kohl-Verlag
Druck: farbo prepress GmbH, Köln

Bestell-Nr. 12 974

ISBN: 978-3-98558-339-3

Bildquelle © Adobe.Stock.com

S.2: Africa Studio; S. 6+56: photka, ronnarid; S. 3: Tangam; S. 4: sablin; S. 8: Ali by-studio; S. 9: vektor67, Ayseliani, megis, Lumos sp; S. 10: MariLee, Quelle: serlo.org - Lizenz: CC BY-SA 4.0 (https://creativecommons.org/licenses/by-sa/4.0/); S. 12: Lumos sp, Jiri Hera, Timmary; S. 13: 3dbobber, natrot, Pavel Kubarkov, Ildi, Robert Kneschke, pedrosala; S. 15: Lubo Ivanko, Neo; S. 16: dataimasu; S. 16: Julydfg, vixenkristy, Coprid; S. 18: Animaflora PicsStock; S. 19: istry, Asurnipal; S. 20: La Gorda; S. 22: hiv360, romaset; S. 23: blende11.photo, natrot, best_shop, Daniil; S. 24: Richard Carey, Kevin, elenabsl; S. 25: Lumos sp, EdNurg, Lubo Ivanko; S. 26: monticellllo; S. 27: VectorMine;S. 28: Thomas Söllner, leestat, Nik, naulicreative, designer_things, Ram Studio, Arpad Nagy-Bagoly; S. 29: Thomas Söllner; S. 30: Lexi Claus; S. 31: Myjourney; S. 32: smile23, sofya_bsa_paws; S. 34: malshak_off, blende11.photo, Sergio J Lievano, Foto-Ruhrgebiet, Nikolayev, Kanyaporn, fotofabrika, nasik; S. 35: Sensvector; S. 36: Gabriele, Africa Studio; S. 37: burakdemirezen, Destina, matho, TrudiDesign; S. 38: Olga Miltsova, Serghei Velusceac, lindaoqian; S. 39: reichdernatur, Lisa, kristina rütten, Werner; S. 40: ricka_kinamoto, dizain; S. 41: Lavsketch, serega_100500, wywenka; S. 42: m.malinika, bsd studio; S. 45: a7880ss, Pro_Vector; S. 46: NATASHA-CHU, twinklepicture, berdsigns, blueringmedia, Idey; S. 47: master1305, sosiukin; S. 48: Felipe Caparrós, Alekss, Shawn Hempel, terex, freshidea, Elena Cherkasova; S. 49: photka;

Bildquellen © Autorin: S. 10; S. 12; S. 16; S. 17; S. 34; S. 46;

Bildquellen © Wikipedia.de

S. 9; S. 10; S. 14: Heinrich-Böll-Stiftung; S. 20; S. 21; S. 26: Verbraucherzentrale; S. 27; S. 44: Thomastastic, Helmholtz-Wissensplattform ESKP

Inhaltsverzeichnis

KOHL VERLAG Lernwerkstatt PLaSTIK Eine Gefahr für die Umwelt – Bestell-Nr. 12 974

Vorwort

Kunststoffe sind aus unserem täglichen Leben nicht mehr wegzudenken: Verpackungen, Flaschen, Folien, Eimer, Kleidungsstücke, Fensterrahmen, Zahnbürsten, Computergehäuse, Autos, Sonnenkollektoren ... – die Liste der Produkte, die aus Kunststoff bestehen oder Kunststoffe enthalten, ist enorm lang. Kunststoffe sind in unserem Alltag so allgegenwärtig, dass unsere Zeit vielleicht einmal die Plastikzeit heißen wird, so wie es die Steinzeit und die Eisenzeit gab. Kunststoffe machen unser Leben leichter, und das sogar im wahrsten Sinne des Wortes, da sie in der Regel ein geringeres Gewicht haben als die Materialien, die sie ersetzen.

Trotzdem hat Plastik einen schlechten Ruf. Es richtet nicht nur in der Umwelt Schaden an, sondern auch in unserem Körper. Dann noch das Mikroplastik, was unsere Erde belastet. Was können wir tun, um nicht auf die Annehmlichkeiten, die uns der Kunststoff bringt, verzichten zu müssen?

Plastik an sich kann durchaus von großem Nutzen sein und sollte deshalb nicht von Grund auf verteufelt werden. Ein gewissenhafter Umgang, weniger Verschwendung und ein kritisches Hinterfragen sind also auf jeden Fall notwendig, damit Plastik in Zukunft in den wirklich wichtigen Bereichen genutzt werden kann.

Die Schüler*innen lernen in diesem Heft die Vorteile und Nachteile des Plastiks kennen und erfahren, was man dagegen tun kann.

Viel Erfolg mit diesen Seiten wünschen der Kohl-Verlag und

Gabriela Rosenwald

Arbeitspass

Name: ______________________________ Klasse: ______________

Seite	Thema	begonnen	erledigt

KOHL VERLAG Lernwerkstatt PLaSTIK – Bestell-Nr. 12 974
Eine Gefahr für die Umwelt

1 Plastik – ein Überblick

Was ist Plastik?

Plastik ist ein Ausdruck der Umgangssprache für Kunststoff. Kunststoffe kommen in der Natur nicht vor, sie werden aus verschiedenen Elementen hergestellt. Der Name „Plastik“ beschreibt schon seine Eigenschaften: Er ist elastisch, bruchfest, formbar, temperaturbeständig und beständig gegen viele Chemikalien.

EA

Aufgabe 1: **a)** *Was ist bei dir zu Hause aus Plastik?*

Wohnzimmer	Küche	Bad	Dein Zimmer

b) *Was könnte gegen andere Materialien ausgetauscht werden? Notiere Alternativen.*

Zahnbürste aus Plastik	Zahnbürste aus Bambus

Lernwerkstatt Plastik
Eine Gefahr für die Umwelt – Bestell-Nr. 12 974

1 Plastik – ein Überblick

Die Eigenschaften von Plastik

Kunststoffe zeichnen sich gegenüber anderen Werkstoffen durch eine große Vielfalt an Eigenschaften aus. Sie können für ihren jeweiligen Einsatzzweck perfekt angepasst werden. Je nach Bedarf werden mechanische Festigkeit, Zähigkeit, Elastizität, Bruchfestigkeit, Härte, Formbarkeit, Temperaturbeständigkeit oder chemische Resistenz immer weiter verbessert. Das geschieht durch verschiedene Herstellungsverfahren und Beimischung von Zusatzstoffen wie Farbe, Weichmachern, Lichtschutzmitteln usw. Oft reicht eine winzige Menge einer Substanz, um die Eigenschaften eines Kunststoffes komplett zu verändern.

EA

Aufgabe 2: **a)** *Setze in die Tabelle richtig ein:*

gesundheitsgefährdende Stoffe enthalten – oft wiederverwendbar – brennbar – kostengünstig – leicht – Müllproblem in der Umwelt – flexibel – elektrisch isolierend – erfordert Erdöl (begrenzter Rohstoff) – nicht biologisch abbaubar – wärmedämmend – kann von organischen Lösungen angegriffen werden

Vorteile	Nachteile

b) *Welche Faktoren kann man bei der Plastikherstellung beeinflussen?*

____

____

____

____

____

Lernwerkstatt Plastik
Eine Gefahr für die Umwelt – Bestell-Nr. 12 974
KOHL VERLAG

1 Plastik – ein Überblick

Wie entsteht Plastik?

Es gibt verschiedene Arten von Plastik, die aus unterschiedlichen Rohstoffen bestehen. Ein Großteil des Kunststoffes wird aus fossilen Rohstoffen gewonnen, also zum Beispiel aus Erdöl, Kohle oder Erdgas. Vor allem Rohbenzin, das aus Erdöl gewonnen wird, wird für die Herstellung von Plastik genutzt. Kunststoffe werden immer durch schrittweises Aneinanderfügen von Monomeren zu langen Ketten – den Polymeren – hergestellt.

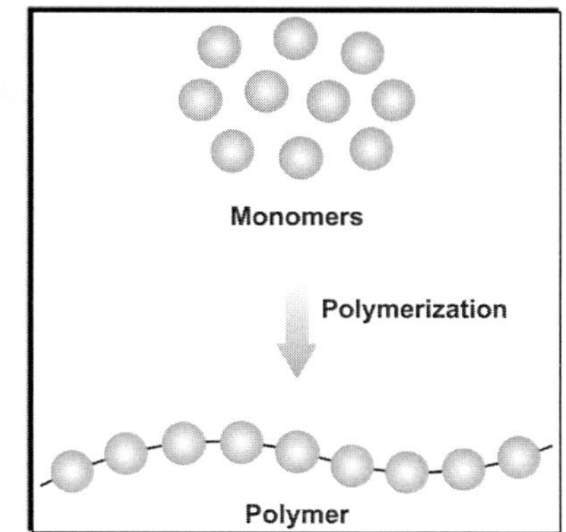

Monomere sind niedermolekulare, reaktionsfähige Moleküle, die sich zu unverzweigten oder verzweigten Polymeren zusammenschließen können.

Polymere sind hochmolekulare chemische Verbindungen aus wiederholten Monomeren. Sie können lineare, verzweigte oder vernetzte Strukturen haben.

Kohle, **Erdöl** und **Erdgas** entstehen, wenn abgestorbene pflanzliche und tierische Kleinstlebewesen (Plankton) in einem sauerstoffarmen Umfeld zersetzt werden, ohne dass es zur Verwesung kommt. Solche Bedingungen findet man in abgeschlossenen Meeresbecken. Nicht nur das Ausgangsmaterial, sondern auch der Druck und die Temperatur müssen stimmen. Man spricht hier von „fossilen Brennstoffen" oder „fossilen Energiequellen".

Der erste Kunststoff wurde auf der Weltausstellung im Jahr 1862 in London präsentiert. Er hieß „Parkesine" - nach seinem Erfinder Alexander Parkes, der ihn aus Zellulose ableitete. Dieses organische Material ließ sich formen, während es erhitzt wurde, und behielt seine Form nach dem Abkühlen bei.

Zum wahren Plastik-Pionier ist der belgisch-amerikanische Chemiker Leo Hendrik Baekeland 1907 geworden. Er hatte wochenlang mit Substanzen experimentiert, Stoffe zusammengeschüttet und wieder aus seiner Rezeptur genommen. Herausgekommen war sogenanntes Bakelit, der erste wirklich synthetische Kunststoff. Die Probleme, dieses Material zu färben und die Unmöglichkeit des Recycelns sind Gründe, warum das Bakelit später durch andere Kunststoffe verdrängt wurde.

EA

Aufgabe 3: **a)** *Was zählt zu den fossilen Brennstoffen?*

b) *Was sind Monomere, was Polymere?*

c) *Woraus bestand Parkesine?*

d) *Wann wurde das Bakelit erfunden?*

e) *Warum wird es heute weniger verwendet?*

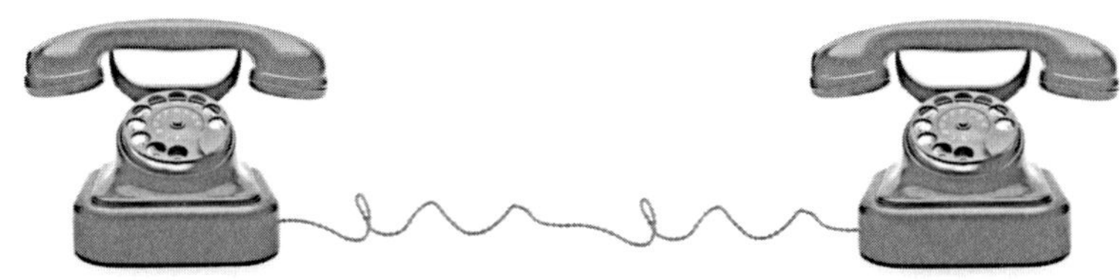

Lernwerkstatt Plastik
Eine Gefahr für die Umwelt – Bestell-Nr. 12 974
KOHL VERLAG

2 Wie wird Plastik hergestellt?

Geschichte und Produktion

i

Kunststoffe zeichnen sich gegenüber anderen Werkstoffen durch eine große Vielfalt an Eigenschaften aus. Sie können für ihren jeweiligen Einsatzzweck perfekt angepasst werden. Je nach Bedarf werden mechanische Festigkeit, Zähigkeit, Elastizität, Bruchfestigkeit, Härte, Formbarkeit, Temperaturbeständigkeit oder chemische Resistenz immer weiter verbessert. Das geschieht durch verschiedene Herstellungsverfahren und Beimischung von Zusatzstoffen wie Farbe, Weichmachern, Lichtschutzmitteln usw. Oft reicht eine winzige Menge einer Substanz, um die Eigenschaften eines Kunststoffes komplett zu verändern.

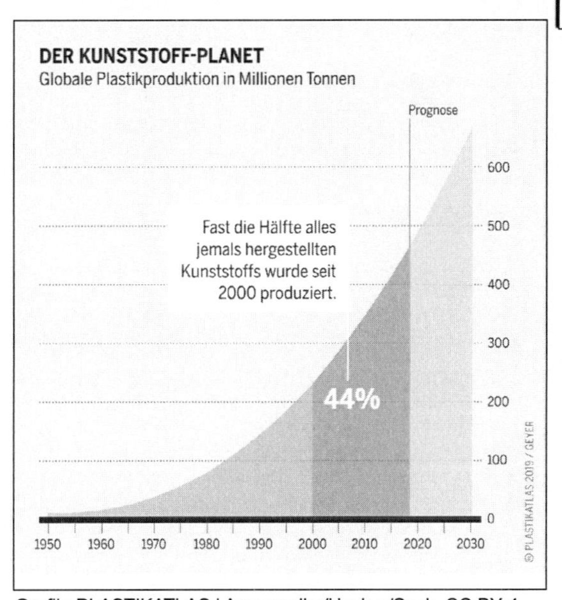

Grafik: PLASTIKATLAS | Appenzeller/Hecher/Sack, CC BY 4.

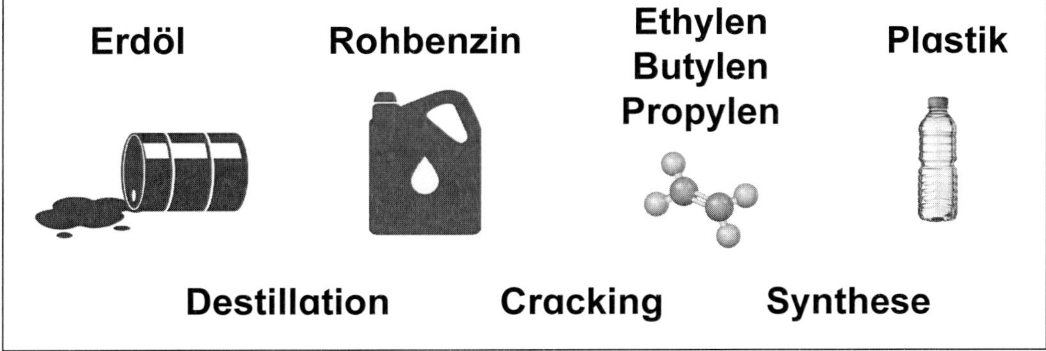

1. Erdöl wird destilliert und das für die Plastikherstellung wertvolle Rohbenzin wird gewonnen. Neben dem Rohbenzin fallen mit Gas, Diesel, Heizöle und Gasöl weitere Bestandteile des Erdöls an.
2. Rohbenzin wird durch das Cracking-Verfahren zu Ethylen, Propylen, Butylen und anderen Kohlenwasserstoff-Verbindungen aufgespalten.
3. Durch Synthese (Verbindung, Zusammenfügen), z. B. Polymerisation, kann dann Kunststoff hergestellt und beliebig verformt werden.

Sogenannte Monomere werden aneinandergereiht und durch Synthese zu netz- und kettenförmigen Molekülen, den Polymeren. Plastik ist aber nicht gleich Plastik. Deshalb entscheidet das gewählte Herstellungsverfahren bzw. das gewünschte Endprodukt darüber, welche Form der Kunststoff später haben wird.

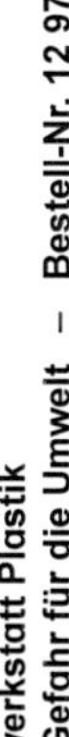

EA

Aufgabe 1: **a)** *Erkläre, was Destillation, Cracking und Synthese bedeutet.*

b) *Wie gelangt man an das Rohbenzin?*

c) *Was fällt bei der Destillation von Erdgas weiter an?*

2 Wie wird Plastik hergestellt?

Die 3 Arten der Plastikherstellung

Um Plastikflasche, Spülschwamm und andere Gegenstände aus Plastik herstellen zu können, werden mithilfe von Synthese-Verfahren (Verbindung, Zusammenfügung) mehrere Bausteine (Monomere) zu Ketten zusammengesetzt (Polymere). Die folgenden 3 Synthesen werden zur Herstellung von Plastik angewendet:

Polymerisation:

Mehrere kleine Moleküle werden aneinandergereiht zu einem großen Molekül. Folge der Polymerisation sind z. B. die Kunststoffe Polystyrol (PS), Polypropylen (PP) und Polyethylen (PE).

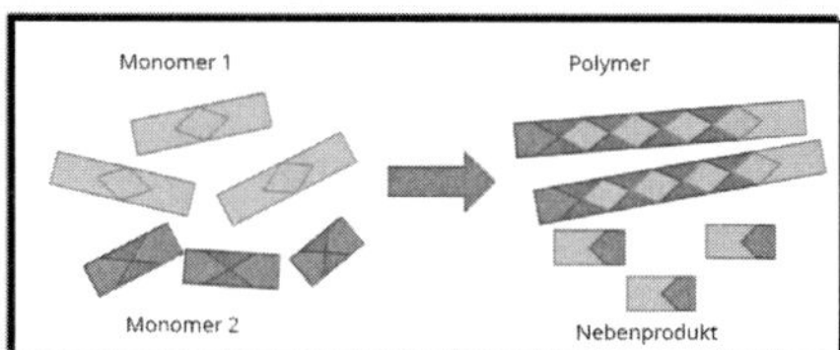

Polykondensation:

Bei der Polykondensation werden unterschiedliche Ausgangsstoffe zu einem Molekül zusammengefügt. Im Gegensatz zur Polymerisation entsteht ein Nebenprodukt, z. B. Wasser. Es entstehen Thermoplaste oder Duroplaste.

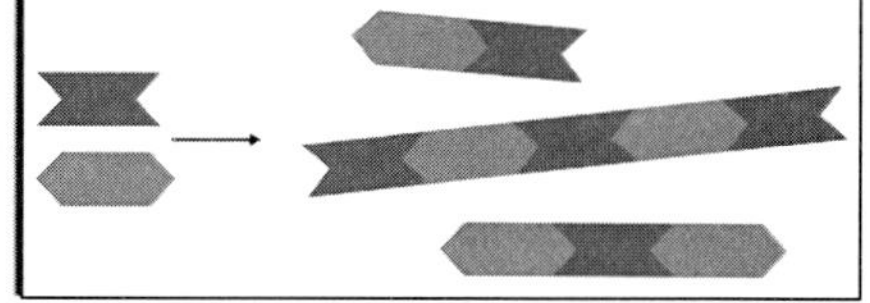

Polyaddition:

Unterschiedliche Ausgangsstoffe werden unter Wanderung von Wasserstoffatomen zusammengefügt, ohne ein Nebenprodukt zu bilden. Ein Endprodukt ist zum Beispiel Polyurethan (PUR).

Damit der Kunststoff nach der Herstellung nun auch wirklich superflexibel ist, mischt man bei der Produktion des Plastiks sogenannte Additive bei. Das können Weichmacher, Färbemittel, Stabilisatoren, Flammschutzmittel und viele weitere Dinge sein.

EA

Aufgabe 2: *Ordne die folgenden Bilder den verschiedenen Begriffen zu:*

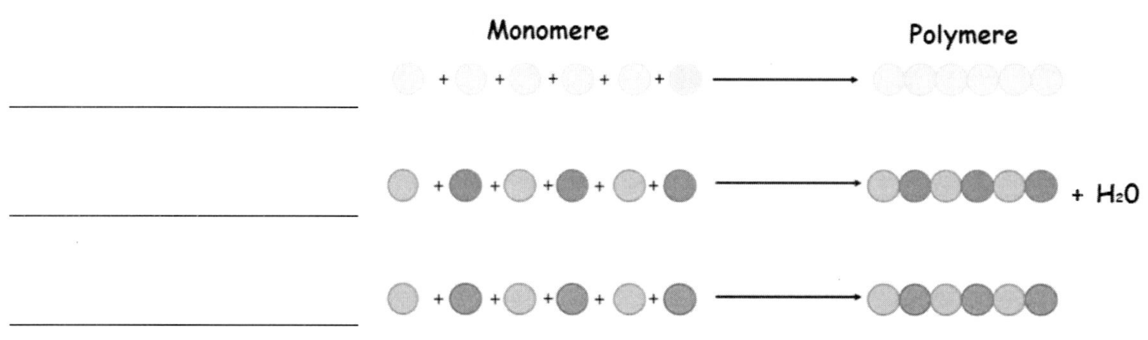

Lernwerkstatt Plastik
Eine Gefahr für die Umwelt – Bestell-Nr. 12 974
KOHL VERLAG

2 Wie wird Plastik hergestellt?

Die Zusatzstoffe – Additive

In Alltagsprodukten aus Plastik sind zahlreiche Schadstoffe versteckt. Während des Gebrauchs können sie sich herauslösen und dann in die Umwelt und den menschlichen Körper gelangen. Weichmacher zum Beispiel werden im Blut nahezu jedes Menschen nachgewiesen. Sie können aus dem Kunststoff austreten und durch Hautkontakt, Einatmen oder den Mund aufgenommen werden.

Zusatzstoffe oder Additive werden den Kunststoffen zur Verbesserung bestimmter Materialeigenschaften oder zur Erleichterung der Verarbeitung zugesetzt. Man unterscheidet daher Funktionszusatzstoffe und Verarbeitungshilfsmittel.

Wichtige Funktionszusatzstoffe sind:

- Lichtschutzmittel – sie schützen vor Schäden durch Licht
- Antioxidantien – sie schützen vor Schäden durch Einwirkung von Sauerstoff
- Füllstoffe – sie erhöhen die mechanische Festigkeit
- Farbstoffe – sie ermöglichen farbige Kunststoffe
- Weichmacher – sie erhöhen die Flexibilität bestimmter Kunststoffe
- Antistatika – sie verhindern die statische Aufladung

Wichtige Verarbeitungshilfsmittel

- Gleitmittel – sie erleichtern den Transport der Kunststoffschmelze in den Verarbeitungsmaschinen
- Hitzestabilisatoren – sie schützen die Kunststoffe bei der Verarbeitung vor Schäden durch Überhitzung
- Treibmittel – sie ermöglichen die Herstellung von Schaumstoffen

EA

Aufgabe 3: *Finde im Gitter 9 wichtige Additive.*

G	E	R	B	E	D	E	A	T	E	G	J	I	N	P	O	L	Y	W
E	I	F	A	R	B	S	T	O	F	F	E	G	G	B	A	L	I	N
F	V	E	R	F	A	L	T	R	E	Z	A	E	L	G	E	I	L	T
Ü	E	R	F	W	E	I	C	H	M	A	C	H	E	R	E	B	E	N
L	F	E	R	N	O	S	T	I	N	L	A	S	I	C	H	E	R	T
L	I	C	H	T	S	C	H	U	T	Z	M	I	T	T	E	L	E	I
S	L	K	C	K	T	S	C	A	U	E	R	T	M	A	T	Z	E	R
T	K	E	R	N	A	N	T	I	S	T	A	T	I	K	A	M	M	U
O	T	T	I	F	A	N	T	I	L	U	S	S	T	B	E	F	U	I
F	E	R	A	N	T	I	O	X	I	D	A	N	T	I	E	N	K	O
F	R	I	C	K	I	N	H	E	S	T	I	S	E	S	E	H	L	T
E	U	P	T	R	E	I	B	M	I	T	T	E	L	H	E	F	S	E
F	E	R	N	R	E	I	P	F	U	M	G	S	I	L	U	M	A	T
H	I	T	Z	E	S	T	A	B	I	L	I	S	A	T	O	R	E	N

Lernwerkstatt Plastik
Eine Gefahr für die Umwelt – Bestell-Nr. 12 974

2 Wie wird Plastik hergestellt?

Welche Arten von Plastik gibt es?

i

So unterscheidet sich der Kochlöffel aus Plastik von Halstüchern – auch wenn beide aus Kunststoffen gefertigt sind. Man unterscheidet zwischen 3 Arten von Kunststoff:

- Thermoplaste/Plastomere: Unter Wärmeeinfluss lassen sich diese Kunststoffe verformen. Diese Verformung bleibt, wenn der Kunststoff abkühlt. Der Vorgang ist wiederholbar. Beispiele sind Kunststoff-PET-Flaschen, Verpackungsfolien und PVC-Rohre.
- Duroplaste: Diese Kunststoffe sind spröde und können nach dem Aushärten nicht erneut verformt werden. Dann sind sie gegen Wärme und Chemikalien besonders widerstandsfähig. Daher eignen sie sich gut als Topf- und Pfannengriffe, als Bremsbeläge für Autos, als Steckdosen, als Gehäuse für elektrische Geräte und so weiter.
- Elastomere: Strumpfhosen, Gummibänder, Dichtungsringe – das alles sind elastische Arten von Plastik. Sie lassen sich durch Ziehen und Drücken verformen, nehmen ihre ursprüngliche Form aber von alleine wieder ein.

So sehen die verschiedenen Kunststoffe in riesiger Vergrößerung unter dem Mikroskop aus.

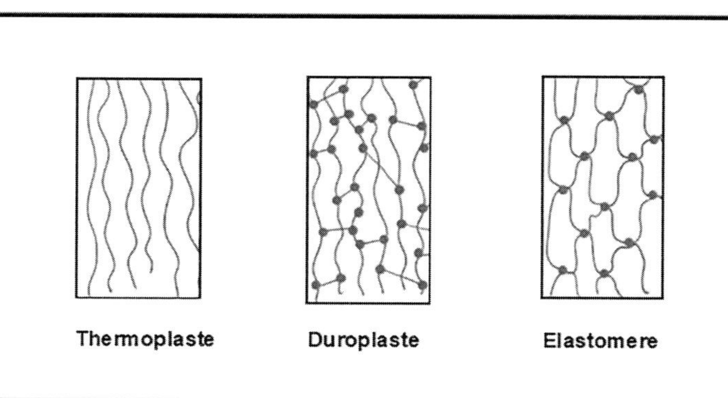

Thermoplaste z. B. PE - Polyethylen PP - Polypropylen PS - Polysystrol PA - Polyamid, PET	Plastikbeutel, Eimer, Frischhaltefolie, Shampooflaschen, Limokästen, Duschvorhänge, Einwegbecher (z. B. Joghurt) Kugelschreiber, Brillengestelle, Schläuche, Plastikflaschen
Duroplaste z. B. Melanin	Kochlöffel, Oberfläche von Küchenmöbeln, Steckdosen, Becher, Eierbecher, Tabletts, Helme
Elastomere z. B. PUR - Polyurethan Gummi	Gummistiefel, Schaumstoffe, Taucheranzüge, Autoreifen, Gummibänder, Schnuller, Mantel von Kabeln und Drähten

EA

<u>Aufgabe 4</u>: **a)** *Beschreibe mit deinen Worten die 3 verschiedenen Kunststoffe.*

b) *Nenne zu jedem der drei Kunststoffe 6 Beispiele.*

Lernwerkstatt Plastik
Eine Gefahr für die Umwelt – Bestell-Nr. 12 974

2 Wie wird Plastik hergestellt?

Die wichtigsten Kunststoffe im Überblick

Polyethylen (PE-HD und PE-LD)

PE ist ein Chamäleon – das Material wird zum Beispiel für Getränkekästen oder Eimer verwendet und ist sehr widerstandsfähig. Durch eine Änderung im Produktionsprozess erhält es filmbildende Eigenschaften und eignet sich daher besonders für Verpackungsfolien. Die Abkürzung PE-LD kommt von low density polyethylen. Es handelt sich um stark verzweigte Polymerketten. PE-HD (high density) zeigt schwach verzweigte Polymerketten.

Polypropylen (PP)

PP ist ein sehr harter, belastbarer Kunststoff. Es ist der am zweithäufigsten verwendete Standardkunststoff und wird häufig in Verpackungen eingesetzt, aber auch für die Innenausstattung von PKWs.

Polyvinylchlorid (PVC)

PVC ist nach Polyethylen und Polypropylen das drittwichtigste Polymer für Kunststoffe. Es gibt Hart- und Weich-PVC. Hart-PVC wird z. B. zur Herstellung von Fensterprofilen, Rohren und Schallplatten verwendet. Weich-PVC enthält Weichmacher; dadurch wird der Kunststoff elastisch und kann für Kabelummantelungen und Bodenbeläge verwendet werden.

Polystyrol (PS)

PS, besser bekannt als Styropor, ist ein weitverbreiteter Kunststoff, der in Verpackungen oder Rettungswesten zum Einsatz kommt. Es wird auch als Schaumstoff gebraucht.

Polyurethan (PUR)

PUR ist ein sehr elastischer Kunststoff, dessen Eigenschaften unter Zugabe weiterer Chemikalien beliebig verändert werden können. Aus PUR werden zum Beispiel Matratzen, Schuhsohlen, Lacke, Klebstoffe oder Skier hergestellt.

Polyethylenterephthalat (PET)

PET hat vielfältige Einsatzbereiche und wird unter anderem zur Herstellung von Kunststoffflaschen (PET-Flaschen), Folien und Textilfasern verwendet. Es ist knitterfrei, reißfest, witterungsbeständig und nimmt nur sehr wenig Wasser auf.

2 Wie wird Plastik hergestellt?

Die Verteilung der Plastikarten

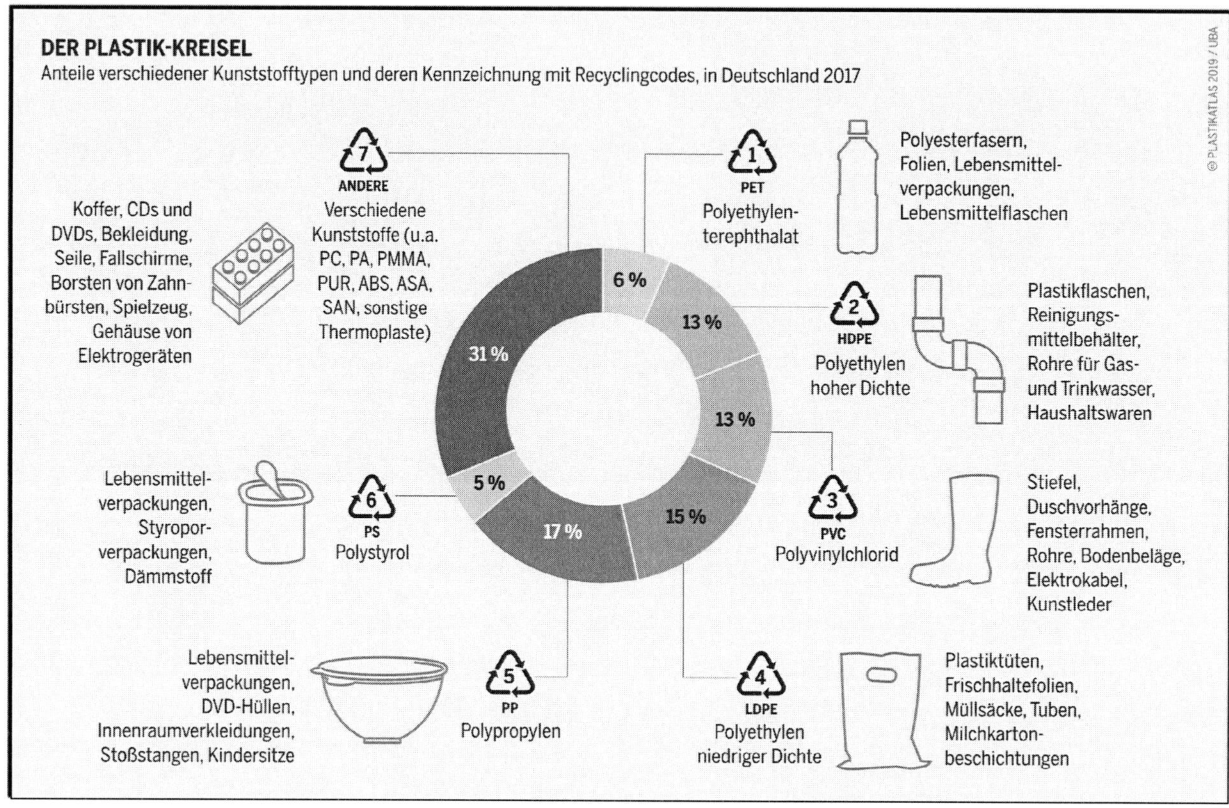

EA

Aufgabe 5: *Notiert, was aus den einzelnen Plastikarten hergestellt wird:*

Polyethylen (PE)	
Polypropylen (PP)	
Polyvinylchlorid (PVC)	
Polystyrol (PS)	
Polyurethan (PUR)	
Polyethylenterephthalat (PET)	

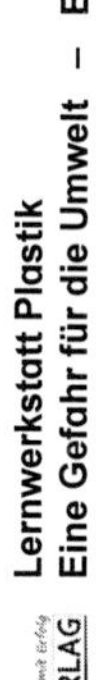
KOHL VERLAG Lernwerkstatt Plastik Eine Gefahr für die Umwelt – Bestell-Nr. 12 974

2 Wie wird Plastik hergestellt?

Plastik ist nicht gleich Plastik

> Ein erfolgreiches Recycling setzt eine möglichst sortenreine Trennung der einzelnen Stoffe voraus. In Deutschland werden aktuell 42 Prozent der Kunststoffe verwertet. Zum überwiegenden Teil – 57 Prozent – werden sie der thermischen Verwertung zugeführt. Durch die Verbrennung wird die in den Kunststoffen enthaltene Energie zurückgewonnen und zur Erzeugung von Strom und/oder Dampf genutzt.

Ihr braucht:

- Saubere Verpackungsmaterialien wie Joghurtbecher, Eis- oder Obstverpackungen, Plastiktüten (eine dick- und eine ganz dünnwandige) und Ähnliches.

  Wichtig: Möglichst darauf achten, dass die Recyclingkürzel sichtbar sind und alle vorkommen.

So geht es:

- Befühlt, zerknüllt und vergleicht die verschiedenen Materialien.

  Was stellt ihr fest?

  Kunststoff kann hart, weich, bunt oder farblos sein. Er ist meist leicht, elastisch, unzerbrechlich, wird nach dem Zerknüllen wieder glatt oder eben auch nicht.
- Sucht nach einer Benennung auf den einzelnen Teilen. Neben dem Recycling-Zeichen, (das man auch auf anderen Materialien findet und das nur bedeutet, dass der Stoff wiederverwendbar ist), entdeckt ihr ein Dreieck und die standardisierte Abkürzung (PE, PET, PP oder PS).

  Ihr stellt fest, dass die Kunststoffsorten nicht mit den zuvor gefundenen Sortiermöglichkeiten übereinstimmen, das heißt, es gibt zum Beispiel PS in verschiedenen Farben. Ihr erfahrt, wie schwierig es ist, Plastikmüll sinnvoll zu trennen.
- Sucht das Recycling-Zeichen auf den Gegenständen! Welche der abgebildeten Zeichen findet ihr? Malt einen Kreis darum.

EA

Aufgabe 6: *Was bedeuten die folgenden Zeichen?*

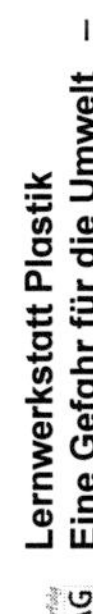

2 Wie wird Plastik hergestellt?

Kunststofffasern selber herstellen

i

Sie als Lehrperson müssen selbst entscheiden, ob Ihre Klasse mit dem heißen Plastik umgehen kann. Ansonsten starten Sie eine Vorführung, bei der die Schüler*innen zusehen dürfen!

Ihr braucht:

- einen flachen Porzellanteller oder eine feuerfeste Unterlage
- Maßband oder Zollstock
- Trinkhalme
- Teelicht
- Teelöffel
- Streichhölzer oder Feuerzeug

So geht es:

- Zünde das Teelicht an.
- Nimm den Trinkhalm, erhitze und schmelze ihn am Teelicht.
- Wenn er brennt, puste ihn sofort wieder aus.
  Achtung: Flüssiger Kunststoff ist über 200 °C heiß!
- Drücke das weiche, heiße Ende mit dem Teelöffel auf die Unterlage, bis es klebt.
- Dann sofort langsam am Trinkhalm ziehen.
- Es entsteht ein dünner Faden. Wie lang kannst du ihn ziehen?

Es gibt ja nun keine Trinkhalme aus Plastik mehr in der EU. Sollte sich kein Halm mehr auftreiben lassen, funktioniert der Versuch auch mit einem billigen Kugelschreiber aus Plastik. Er sollte natürlich keine Metallspitze haben und die Mine wird am besten entfernt.

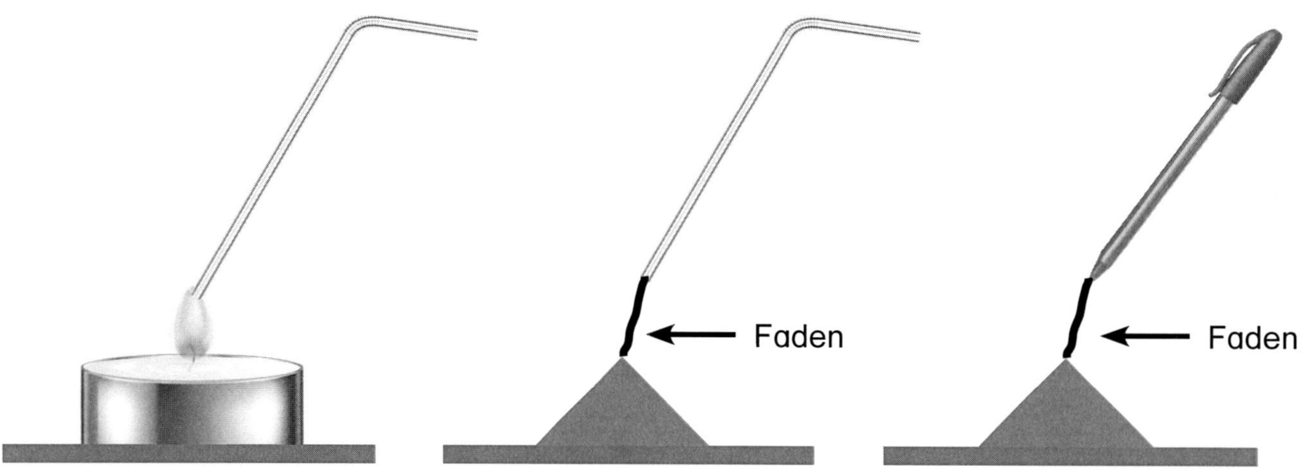

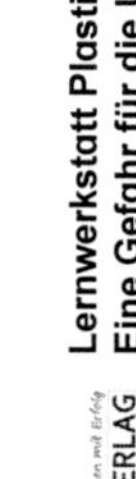

2 Wie wird Plastik hergestellt?

Das „Formgedächtnis“ von Plastik

Ihr braucht:

- saubere Joghurtbecher (auf der Unterseite mit PS gekennzeichnet)
- oder weiße/transparente Becher
- Backpapier, Farbstifte oder Filzstifte

So geht es:

1. Die Schmelzzeit ist bei jedem Joghurtbecher anders. Die weißen Becher schmelzen schon nach einigen Sekunden und die transparenten brauchen etwas länger (ca. 1-3 Min.). Also nie verschiedene Bechersorten zusammen schmelzen lassen.
2. Den Backofen auf 100 °C vorheizen, Ober- und Unterhitze. Bei Umluftherden aufpassen, dass die Becher nicht vom Backblech oder Rost geweht werden.

3. Nicht alle Becher schmelzen schön rund, das heißt: Mit Verlust muss man rechnen. Nicht enttäuscht sein ...
4. Weiße oder transparente Becher mit bunten Farben anmalen.
5. Joghurtbecher mit dem Boden nach oben auf das Backpapier stellen.

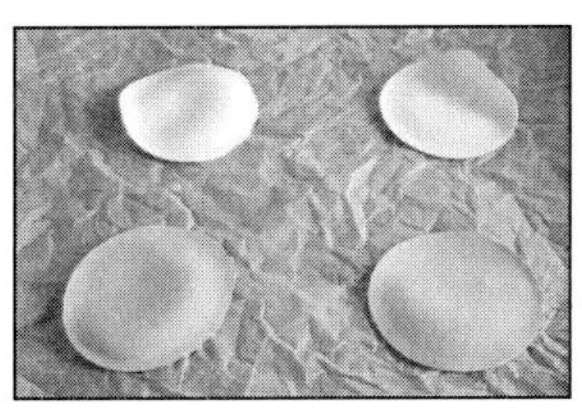

6. Becher und Backpapier in die Mitte des Backofens auf den Rost oder ein Backblech stellen.
7. Die Becher nur wenige Minuten „backen“ lassen. Sie verändern sich rasch und sinken ein.
8. Schon etwas angeschmolzene Becher können gut mit einem Stein oder einem anderen Blech beschwert werden, damit sie schön flach werden. (Achtung: Backpapier dazwischenlegen)
9. Wenn die Becher flach wie eine Scheibe geworden sind, den Ofen ausmachen, die Klappe öffnen und alles abkühlen lassen. Jetzt habt ihr kleine, harte Plastik-Scheiben.

Was geschieht da?

Joghurtbecher werden aus flachen Kunststoff-Plättchen gefertigt. Diese Plättchen werden erwärmt, bis sie weich wie Brei sind. In der Fabrik wird das schwabbelige Plastik in Becherformen gedrückt. Dabei weren die sogenannten Polymerketten, aus denen Kunststoff besteht, wie Gummi auseinandergezogen. Der Kunststoff kühlt in der Form ab und wird als Becher hart. Wenn ihr so einen Becher erhitzt, werden die Polymerketten wieder weich und können sich in ihre ursprüngliche Form zusammenziehen. Der Joghurtbecher hat sozusagen ein Gedächtnis.

KOHL VERLAG
Lernwerkstatt Plastik
Eine Gefahr für die Umwelt – Bestell-Nr. 12 974

3 Die Eigenschaften von Plastik

Trennen von PET, PP und PS – Versuch

Ihr braucht:

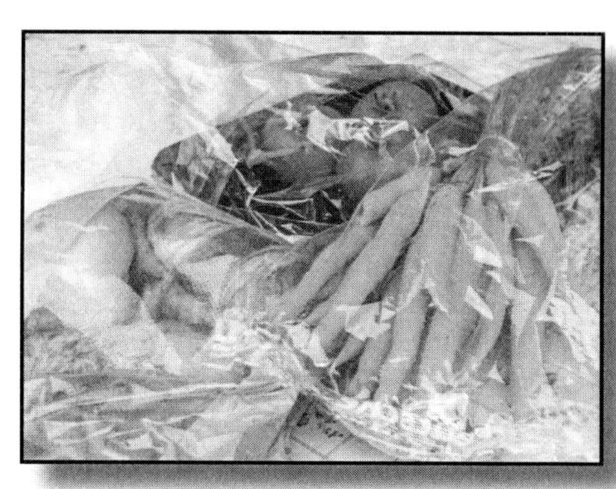

- ein kleines Glas
- einen Teelöffel
- Wasserfeste Stifte in blau, rot und grün
- pro Gruppe: je eine Verpackung aus PP, PS und PET, möglichst alle farblos und in gleicher Stärke zum Zerschneiden
- Salz mit Extralöffel in der Dose oder im Glas bereitstellen
- Wasser in Messbechern bereitstellen

So geht es:

- Jeder braucht je einen etwa 2 cm^2 großen Abschnitt der drei Kunststoffe. Diese müssen direkt nach dem Zerschneiden mit wasserfestem Stift als PET, PP und PS beschriftet werden. Dabei für jede Kunststoffart eine andere Farbe verwenden.
- Fülle das Glas halbvoll mit Wasser.
- Gib die Kunststoffstücke in das Wasser.
- Rühre mit dem Löffel kurz um und beobachte.
- Welche Kunststoffstücke schwimmen? Kreuze an.
- Gib einen Löffel Salz in das Wasser und rühre gut um, bis sich das Salz gelöst hat.

PA

Aufgabe 1: **a)** *Was beobachtet ihr? Tragt es in der Tabelle ein.*

Name der Probe	Schwimmt auf Wasser	Schwimmt auf Salzwasser
PET		
PS		
PP		

b) *Überlegung: Wie kann man diese Reaktionen zum Trennen der drei Kunststoffe nutzen?*

Lernwerkstatt Plastik
Eine Gefahr für die Umwelt – Bestell-Nr. 12 974

3 Die Eigenschaften von Plastik

Der Tetra Pak

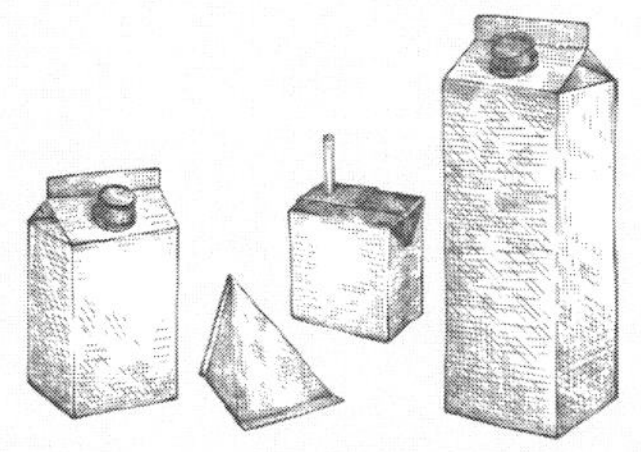

Orangensaft, Milch, passierte Tomaten oder Sahne: Viele Produkte sind im Tetra Pak-Karton verpackt. Mit dem umgangssprachlichen Begriff „Tetra Pak“ sind alle Getränkekartons gemeint. Normalerweise besteht ein Tetra Pak aus bis zu sieben Schichten aus den Materialien Kunststoff, Aluminium und Karton:

- Im Inneren ist eine Schicht aus Polyethylen (PE), um den Inhalt des Kartons zu schützen und abzudichten.
- Darauf folgt eine Aluminiumschicht. Sie fungiert als Barriere, um Sauerstoff und Licht abzuweisen.
- Die letzte Schicht besteht aus Karton.
- Zwischen den einzelnen Schichten kann weiteres Polyethylen verarbeitet sein.

Die Wiederverwertung:

- Diese Packungen haben den Grünen Punkt und gehören in die Gelbe Tonne oder in den Gelben Sack. Der Müll wird in die Sortieranlage gebracht.
- Die Sortieranlage sortiert die Produkte aus Tetra Pak im Gelben Sack vom Rest und presst sie zu großen Ballen.
- Anschließend kommt der Tetra Pak zum Recycling in eine Papierfabrik. Dort wird der Getränkekarton kleingeschnitten und in einen Bottich mit Wasser (sogenannter „Pulper“) gegeben. Dann verrührt die Maschine die Masse für etwa eine halbe Stunde. Das soll dazu führen, dass sich die Kartonfasern von den Folien lösen.
- Die Fasern können im Anschluss daran wiederverwendet werden, z. B. um Faltschachteln, Toilettenpapier oder Wellpappe herzustellen.
- Die Reststoffe wie Kunststoff und Aluminium werden am Ende aufgefangen. Sie werden in der Zementherstellung eingesetzt.
- Getränkekartons können aber auch als Ganzes verwertet werden: In einer Anlage werden sie zu kleinen Chips gemahlen, erhitzt und zu Platten gepresst. Aus diesen Teilen kann man z. B. Schulbänke und Stühle herstellen.

EA

__Aufgabe 2__: *Erkläre mit deinen Worten die beiden Möglichkeiten, Tetra Paks zu recyceln. Beschreibe auch die Verwendungsmöglichkeiten.*

Lernwerkstatt Plastik
Eine Gefahr für die Umwelt – Bestell-Nr. 12 974

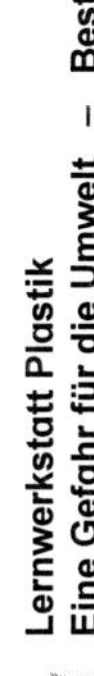

3 Die Eigenschaften von Plastik

Tetra Pak – Versuch

Ihr braucht:

- je einen leeren Tetra Pak (den ihr mit in die Schule bringt)
- Den Karton habt ihr zu Hause ganz ordentlich ausgespült!

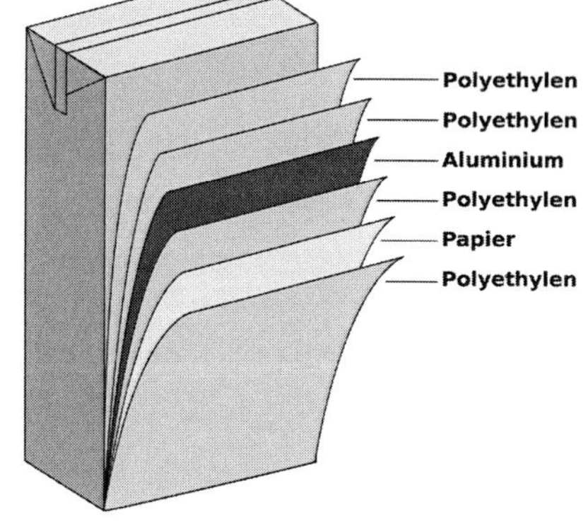

So geht es:

- Schneidet den Tetra Pak in der Mitte durch.

PA

<u>Aufgabe 3</u>: a) *Könnt ihr die verschiedenen Schichten auseinanderziehen? Was erkennt ihr?*

____

____

b) *Findet heraus: Welche Lebensmittel werden in Kartons mit Alu-Folie gefüllt?*

____

____

c) *Was wird aus den Zellstoff-Fasern hergestellt?*

____

d) *Wie werden Getränkekartons als Ganzes verwertet?*

____

____

e) *Viele Getränke gibt es sowohl in Tetra Paks als auch in Glasflaschen zu kaufen. Glasflaschen können bis zu 50-mal wiederverwendet werden. Schreibe die Vor- und Nachteile des Tetra Paks auf.*

Vorteile	Nachteile

KOHL VERLAG
Lernwerkstatt Plastik
Eine Gefahr für die Umwelt – Bestell-Nr. 12 974

4 Plastik-Recycling

Die Wiederverwertung von Plastik

Die Gelbe Tonne oder der Gelbe Sack werden von der Müllabfuhr zu einer Fabrik gefahren. Dort wird auf einem Fließband alles aussortiert, was nicht dazugehört. Dann wird der Kunststoff zerkleinert, gewaschen und nach verschiedenen Arten sortiert. Anschließend wird er getrocknet und in einem riesigen Backofen (Extruder genannt) eingeschmolzen. Jetzt kann man die Masse formen und neue Verpackungen, Getränkekästen, Blumenkästen, Möbel und Spielzeuge herstellen.

EA

Aufgabe 1: *Setze die richtigen Nummern zu den Arbeitsschritten ein:*

	neue Dinge herstellen
	Masse formen
	Getränkekisten, Spielzeug, Folien sind fertig
	Arten sortieren und einschmelzen
1	sammeln
	waschen
	zerkleinern

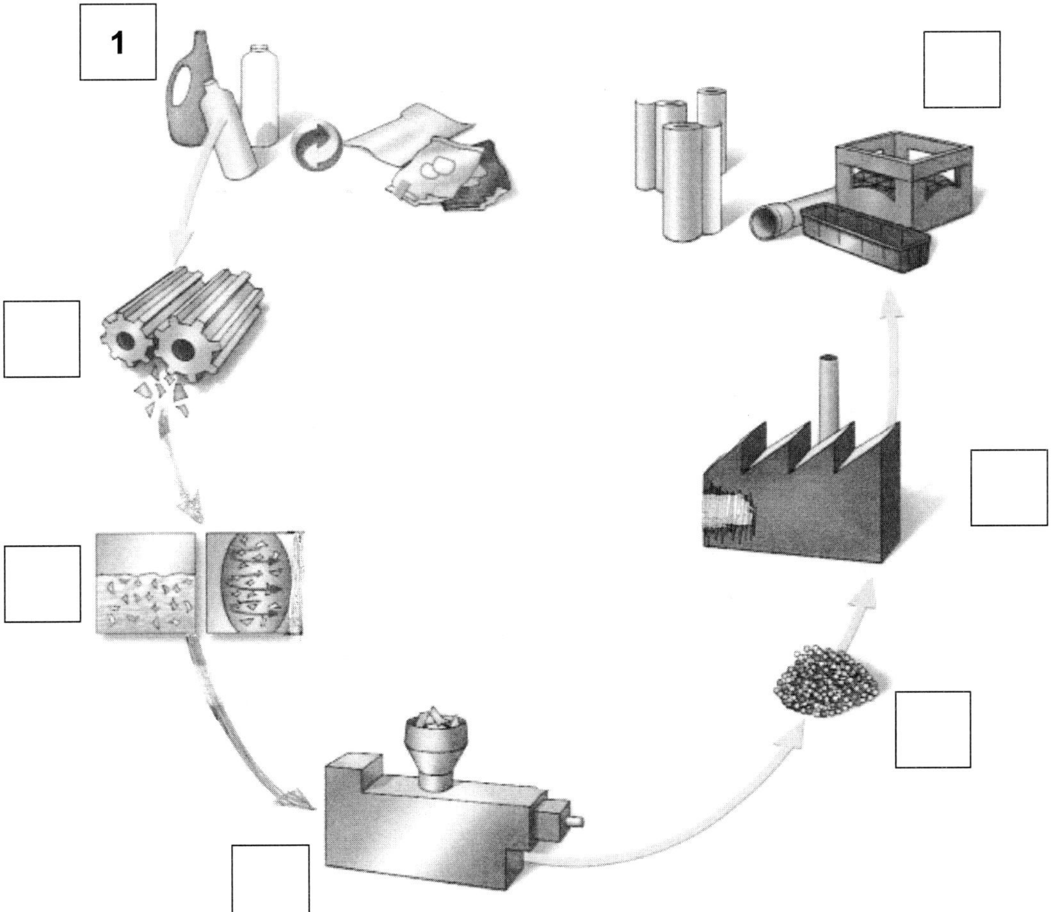

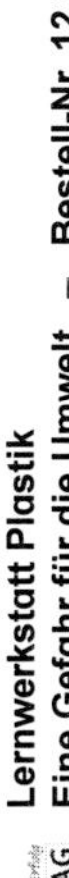

4 Plastik-Recycling

In der Sortieranlage

Aufgabe 2: *Notiert zu jedem Bild, was mit dem Plastikmüll gemacht wird:*

PA

4 Plastik-Recycling

Die Zersetzung von Plastikmüll – Versuch

Ihr braucht:

- eine große Schale (am besten durchsichtig)
- eine Pappe zum Abdecken
- fertige Komposterde
- Wasser und Sprühflasche
- eine Schere
- Abfälle aus unterschiedlichen Materialien (z. B. Apfelgehäuse, Papier, Joghurtbecher, Tetra Pak, Plastiktüte, Papiertaschentuch ...)

- eine Lupe, Stift und Papier

So geht es:

- Zuerst legt ihr die Schale etwa 2 cm dick mit Komposterde aus und befeuchtet diese. Sie sollte nass, aber nicht tropfnass sein.
- Schneidet die größeren Abfälle in kleinere Stücke (etwa 2 cm breit und 4 cm lang). Dann schichtet ihr sie auf die Komposterde und drückt sie leicht an.
- Deckt die Schale locker ab. Besprüht den Inhalt alle paar Tage mit Wasser. Er soll feucht bleiben. Beginnt der Abfall zu faulen, braucht eure Schale weniger Wasser und mehr Luft.

EA

Aufgabe 3: **a)** *Was vermutest du: Welche Abfälle verrotten schnell, welche langsamer und welche gar nicht? Schreibe deine Vermutungen auf.*

b) *Beobachte die Schale über ein bis vier Monate. Schreibe in regelmäßigen Abständen auf, wie sich Farbe, Geruch, Temperatur, Form und Oberfläche der Materialien verändern. Lege dazu eine Tabelle als Protokoll an, in die du deine Beobachtungen zu den einzelnen Abfällen mit Datum einträgst.*

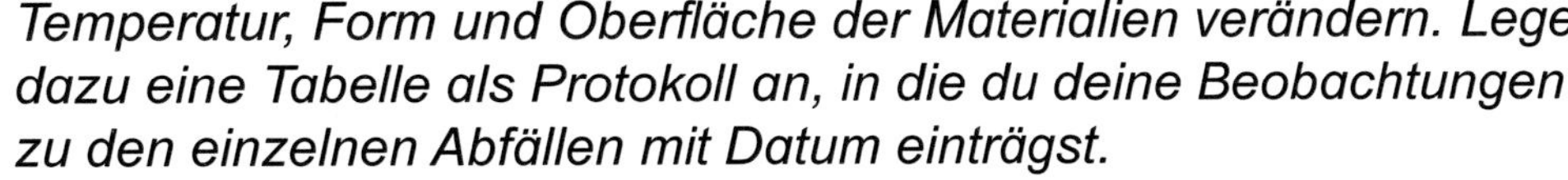

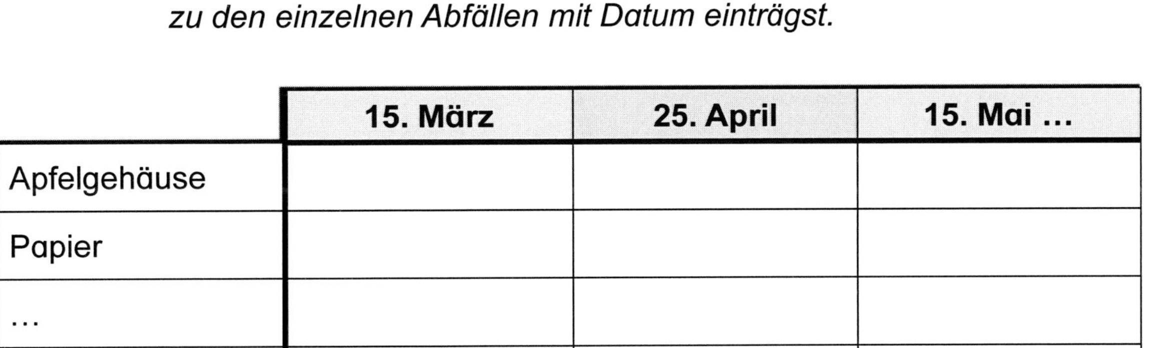

	15. März	25. April	15. Mai ...
Apfelgehäuse			
Papier			
...			
...			

Lernwerkstatt Plastik – Eine Gefahr für die Umwelt – Bestell-Nr. 12 974
KOHL VERLAG

4 Plastik-Recycling

Plastik im Meer

i

Plastik vermüllt unsere Meere und gefährdet viele Tiere. Heute haben zwei Drittel der Seevögel bereits Plastikmüll in ihrem Magen.

In vielen Ländern, besonders in den ärmeren, gibt es keine richtige Müllentsorgung. Deshalb landet der Müll oft in der Natur, in Flüssen oder direkt im Meer. Auch an Stränden auf der ganzen Welt wird viel Müll liegengelassen oder direkt ins Wasser geworfen.

Es ist zwar auf der ganzen Welt verboten, aber trotzdem kippen viele Schiffe ihren Müll ins Meer. Auch Fischernetze gehen oft über Bord und werden zur tödlichen Gefahr für Seevögel und Meerestiere. Mittlerweile gelangen jedes Jahr etwa 8 Millionen Tonnen Plastikmüll ins Meer.

EA

<u>Aufgabe 4</u>: **a)** *Nenne 4 Möglichkeiten, wie Plastikmüll ins Meer gelangen kann.*

b) *Lies aus der Grafik ab, wie lange die verschiedenen Sachen brauchen, bis sie sich aufgelöst haben.*

Banane	
Wollsocke	
Papiertüte	
Apfelkitsch	
Milchkarton	
Lederschuh	
Plastiktasche	
Gummistiefel	
Plastikbecher	
Batterie	
Nylonshirt	
Windel	
Plastikflasche	
Fischernetz	
Glasflasche	

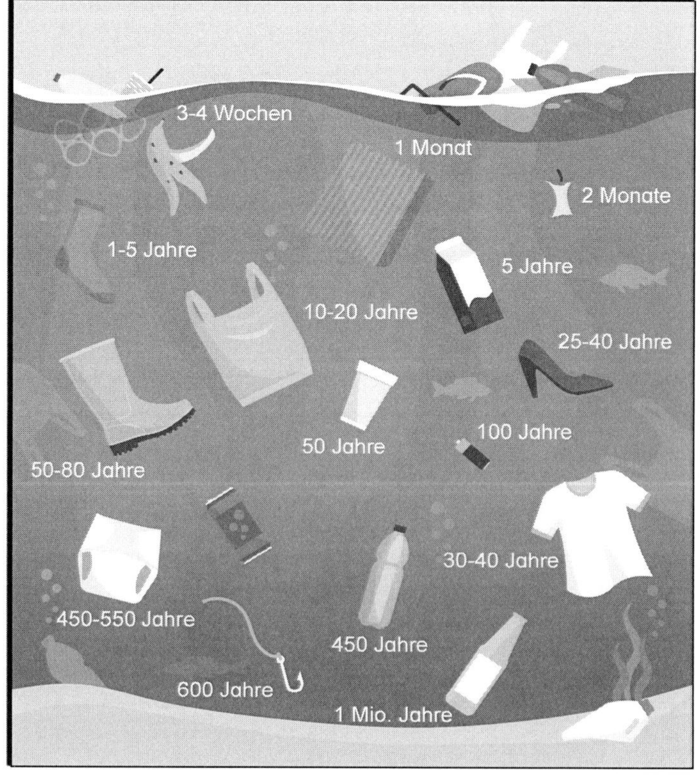

Lernwerkstatt Plastik
Eine Gefahr für die Umwelt – Bestell-Nr. 12 974

4 Plastik-Recycling

Die PET-Flasche

i

PET ist die Abkürzung für Polyethylentheraphthalat und ist ein sehr vielseitiger Kunststoff: Neben Getränkeflaschen werden auch andere Lebensmittelverpackungen sowie Behälter für Medikamente oder Kosmetikprodukte aus PET produziert. Da sich aus PET auch dünne Folien und Textilfasern herstellen lassen, können mit (recyceltem) PET auch viele andere Produkte gefertigt werden, etwa Polstermöbel, Fleece-Pullis, Zelte oder Freizeitjacken.

PET-Flaschen enthalten Acetaldehyd und verbreiten manchmal einen ungewohnten Geschmack. Doch die zugelassene Menge von Acetaldehyd ist in der EU streng reguliert und darf 6 mg/kg in Lebensmitteln nicht übersteigen. In Getränkeflaschen ist nur ein Bruchteil dieser zugelassenen Menge und es wurde als gesundheitlich unbedenklich eingestuft.

PET-Flaschen sind beliebt, weil sie sehr leicht sind. Als Pfandflaschen sind sie dicker und somit stabiler als die Einwegflaschen. PET-Flaschen gibt es etwa seit dreißig Jahren. PET-Mehrweg-Flaschen können bis zu 25-mal neu befüllt werden, Glasflaschen allerdings bis zu 50-mal.

Aus welchem Plastik eine Flasche ist, kann man an einem Dreieck am Boden der Flasche, das einen Zahlencode enthält, erkennen. Der Code 01 steht für PET.

1
PET

Dass die Einwegflaschen preiswert sind, hat seine Vor- und Nachteile. Man muss zwar wenig dafür bezahlen, dafür werden viele PET-Flaschen einfach weggeworfen. In der Natur bleibt eine PET-Flasche mehrere hundert Jahre lang liegen, bis sie abgebaut ist. Es gibt aber bereits Lösungen: aus nachwachsenden Rohstoffen, sogenannte Bio-PET-Verpackungen.

EA

Aufgabe 5:
- **a)** *Nenne die Vorteile und Nachteile der PET-Flaschen.*
- **b)** *Was kann man aus recyceltem PET herstellen?*
- **c)** *Seit wann gibt es PET-Flaschen?*
- **d)** *Wie oft können Mehrweg-PET-Flaschen neu befüllt werden?*
- **e)** *Woran erkennst du eine Flasche aus PET?*

Lernwerkstatt Plastik
Eine Gefahr für die Umwelt – Bestell-Nr. 12 974

4 Plastik-Recycling

Was ist der Unterschied zwischen Mehrweg und Einweg?

1

2

3

4

i

Einer der wichtigsten Unterschiede zwischen Ein- und Mehrwegflaschen ist ihre Wiederverwendbarkeit. Während Einwegflaschen nur einmal genutzt und dann recycelt werden, können PET-Mehrwegflaschen bis zu 25-mal wiederverwendet werden, Mehrwegflaschen aus Glas sogar bis zu 50-mal. Die leeren Flaschen werden zurück zum Abfüller gebracht. Dort werden die Flaschen gespült und können dann wiederbefüllt werden. Allerdings sollten die Transportwege nicht zu lang sein. Das wirkt sich dann wieder nachhaltig auf die Ökobilanz aus.

Einweg-Flaschen in Mehrweg-Kästen tragen oft das Symbol PET-Cycle. Das Zeichen steht für Einweg und Recycling der Flaschen, nicht für Mehrweg und Wiederbefüllung.

Einweg-Glasflaschen und Einwegdosen sind die ökologischen Schlusslichter. Von allen Getränkeverpackungen belasten sie das Klima am meisten, verbrauchen mehr Energie und verursachen mehr Abfall.

Die Bundesregierung hat eine neue Pfandregelung in Deutschland beschlossen, die seit Anfang 2022 gilt. Damit werden alle Einweg-Getränkeflaschen aus Kunststoff und Getränkedosen pfandpflichtig – auch diejenigen, die bisher pfandfrei waren. Das betrifft vor allem Milchgetränke, Wein, Spirituosen, Frucht- und Gemüsesäfte oder Energydrinks.

PA

Aufgabe 6:

a) *Was ist der wichtigste Unterschied zwischen Einweg- und Mehrwegflaschen?*

b) *Welche der Zeichen oben stehen für Einweg-, welche für Mehrwegflaschen?*

c) *Wer in Köln Mineralwasser aus der Mehrwegflasche trinkt, statt italienisches Wasser aus der Einwegflasche, macht nachhaltig alles richtig. Was bedeutet dieser Ausspruch?*

d) *Erklärt, was eine Ökobilanz ist.*

e) *Welche Getränkeverpackungen sollte man besser nicht kaufen?*

Lernwerkstatt Plastik
Eine Gefahr für die Umwelt – Bestell-Nr. 12 974

4 Plastik-Recycling

Der Grüne Punkt – Duales System Deutschland

i

Es soll seit 1990 dafür sorgen, dass Verkaufsverpackungen einer Wiederverwertung zugeführt werden. Der Hersteller, der die Marke „Der Grüne Punkt" auf seiner Verpackung verwendet, möchte damit sagen, dass er die Regelungen der Verpackungsverordnung einhält. Die Kosten trägt grundsätzlich der Hersteller, sie können sich aber im Kaufpreis zeigen. Seit 2009 wird der Grüne Punkt nur noch freiwillig abgebildet. Ziel des Dualen System ist es, die Verschwendung von Rohstoffen zu minimieren und durch nachhaltiges Recycling Umwelt und Ressourcen zu schonen.

Die Vorteile des Recyclingsystems ist die Wiederverwendung von Ressourcen, womit der Knappheit entgegengesteuert wird, sowie eine Reduzierung des CO_2-Ausstoßes.

Verpackungen mit dem Grünen Punkt gehören in die Gelbe Tonne (Plastik, Alu, Weißblech, Materialmix wie Getränkekartons), ins Altpapier (Papier, Pappe) oder ins Altglas (Glasflaschen, Gläser). Der Grüne Punkt selbst sagt allerdings nichts darüber aus, ob es sich um eine umweltfreundliche Verpackung handelt oder ob das Material gut zu recyceln ist.

Die richtige Mülltrennung ist Voraussetzung fürs Recycling.

Tipp: An erster Stelle steht die Abfallvermeidung! Achte auf möglichst wenig verpackte Produkte und Mehrwegflaschen!

EA

Aufgabe 7: **a)** *Was sagt der Früne Punkt aus?*

b) *Seit wann wird er nur noch freiwillig abgebildet?*

c) *Was ist das Ziel des Dualen Systems?*

d) *Was verstehst du unter dem CO_2-Ausstoß?*

e) *Worauf sollst du beim Einkaufen achten?*

f) *Was ist eine Voraussetzung, um die Abfälle recyceln zu können?*

4 Plastik-Recycling

Übersicht Recycling

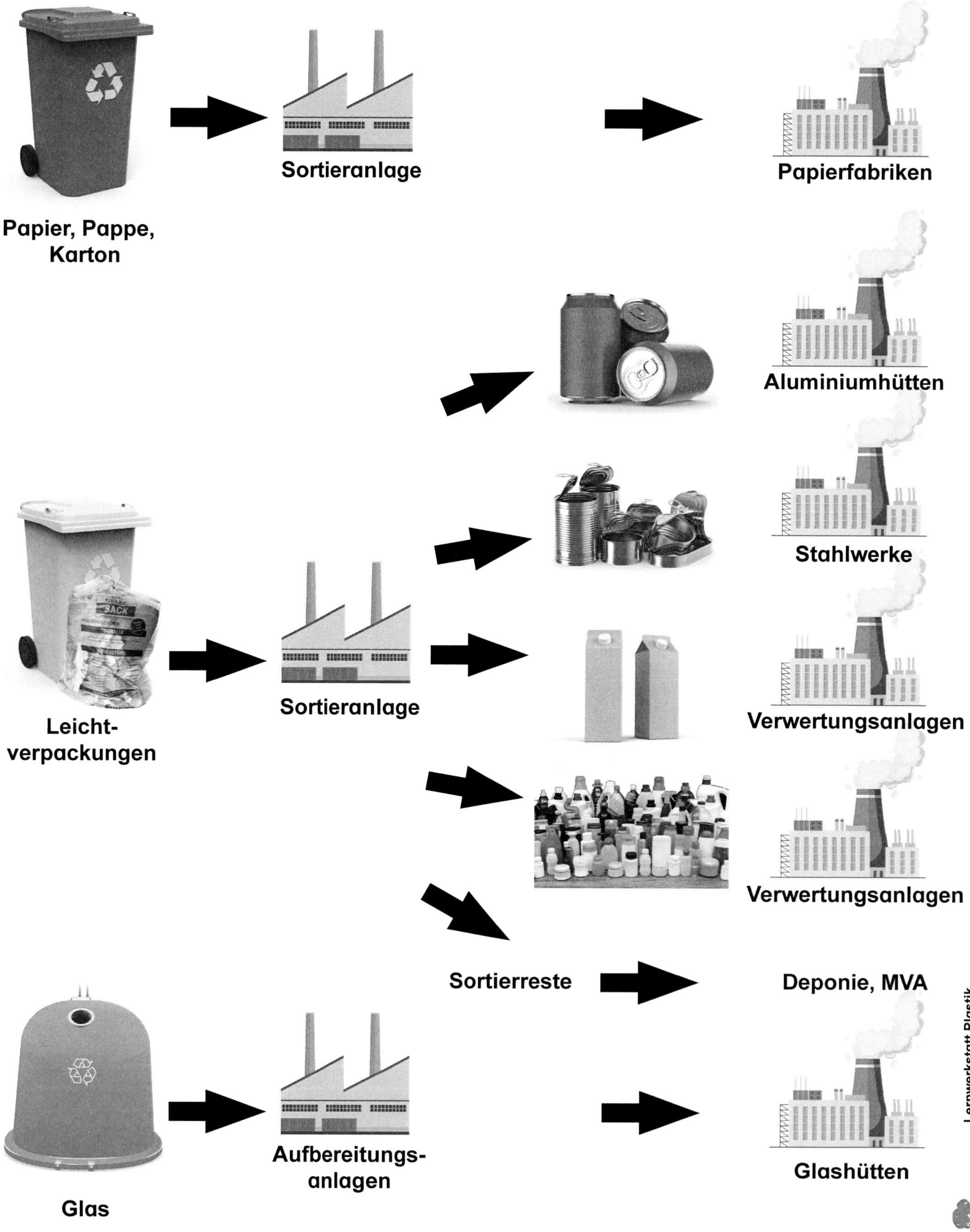

Papier, Pappe, Karton → Sortieranlage → Papierfabriken

Leichtverpackungen → Sortieranlage →

- Aluminiumhütten
- Stahlwerke
- Verwertungsanlagen
- Verwertungsanlagen
- Sortierreste → Deponie, MVA

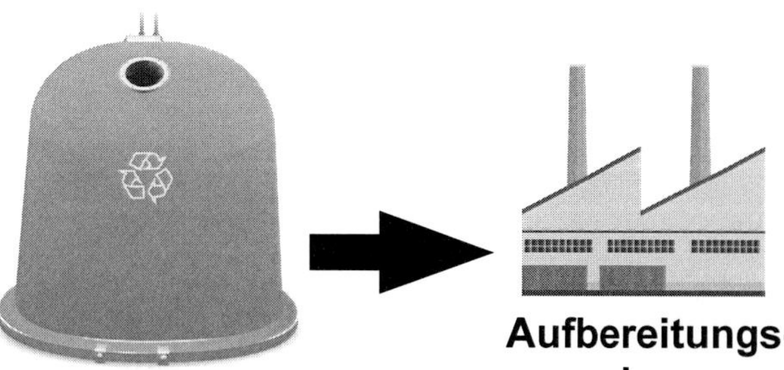

Glas

Aufbereitungsanlagen

Glashütten

Lernwerkstatt Plastik
Eine Gefahr für die Umwelt – Bestell-Nr. 12 974
KOHL VERLAG

4 Plastik-Recycling

Müll trennen

EA

<u>Aufgabe 8</u>: **a)** *Ordne die folgenden Dinge der richtigen Tonne zu:*

Kerzenreste – Duschgel – leere Kartons – Kaffeesatz – welke Blumen – Asche – Mehltüten – alte Lappen – Tuben aus Alu – Zeitschriften – Konservendosen – Eierschalen – Laub – Zeitungen – Joghurtbecher – Rasenschnitt – Zuckertüten – Staubsaugerbeutel – Gemüseabfälle – Kataloge – Teebeutel – Tapetenreste – Schraubverschlüsse – Kartoffelschalen – Briefumschläge – Spülmittelflasche – Zweige – Kehricht – Shampooflasche – Ketchupflasche

Altpapier	Restmüll	Gelbe Tonne	Biotonne
...	...	...	...

Müll vermeiden

- Du kannst für dein Pausenbrot eine Butterbrotdose verwenden.
- Dein Getränk solltest du dir in einer Aluflasche mitbringen.
- Du kannst dir auch Milch oder Kakao bestellen, diese Getränke werden auch in Mehrwegflaschen geliefert.
- Es gibt inzwischen schöne Füller, die man in einem Tintenfass – so wie früher – auffüllen kann. Wenn viele Schüler diese benutzen würden, wären nicht so viele leere Patronen im Mülleimer.
- Du kannst Hefte aus Recyclingpapier kaufen.
- Schnellhefter aus Pappe erfüllen auch ihren Zweck und können, wenn sie nicht mehr brauchbar sind, in die Papiertonne geworfen werden.
- Ein Anspitzer aus Metall hält länger als der aus Plastik.
- Aber durch einige Regeln und Absprachen in der Klasse oder sogar der ganzen Schule könnt ihr erreichen, dass die Müllmengen in den Klassen zurückgehen und der restliche Abfall noch besser getrennt wird.

GA

b) *Sicher habt ihr noch weitere Ideen, wie man Müll vermeiden kann. Sprecht in der Klasse darüber.*

4 Plastik-Recycling

Abfall für die Gelbe Tonne

EA **Aufgabe 9**: **a)** *Finde im Gitter 22 Dinge, die in die Gelbe Tonne/in den Gelben Sack gehören.*

G	E	T	R	Ä	N	K	E	D	O	S	E	Z	A	K	V	E	R	S	H
C	H	I	R	A	C	H	U	R	A	C	K	Y	P	E	V	E	P	C	G
J	O	G	H	U	R	T	B	E	C	H	E	R	F	T	I	T	L	H	P
E	R	T	N	S	E	A	L	U	F	O	L	I	E	C	N	I	A	R	T
I	S	U	N	E	M	W	A	R	M	K	E	A	L	H	C	E	S	A	E
G	E	M	Ü	S	E	N	E	T	Z	O	S	B	S	U	E	F	T	U	E
M	N	B	T	O	D	B	E	U	E	L	P	L	A	P	N	K	I	B	W
I	F	E	E	N	O	E	F	B	P	A	R	A	F	F	U	Ü	K	D	U
L	F	R	P	N	S	L	O	E	P	D	A	S	T	L	D	H	T	E	R
C	L	L	W	E	E	U	L	N	E	E	Y	S	K	A	E	L	Ü	C	S
H	A	I	Ö	H	D	G	I	T	L	N	D	I	A	S	L	B	T	K	T
K	S	N	C	D	O	S	E	N	I	F	O	D	R	C	T	E	E	E	F
A	C	A	X	P	E	R	L	I	K	O	S	E	T	H	Ü	U	B	L	O
R	H	T	A	L	U	S	C	H	A	L	E	R	O	E	T	T	R	I	L
T	E	P	K	R	S	T	F	A	P	I	A	T	N	S	E	E	O	U	I
O	B	S	T	S	C	H	A	L	E	E	N	E	R	T	S	L	S	N	E
N	E	P	U	T	Z	M	I	T	T	E	L	F	L	A	S	C	H	E	G

b) *Liste die umweltfreundlichen Alternativen auf. Beispielsweise Licht aus, wenn du nicht da bist …*

Lernwerkstatt Plastik
Eine Gefahr für die Umwelt – Bestell-Nr. 12 974
KOHL VERLAG

5 Alternativen zu Plastik

Bioplastik

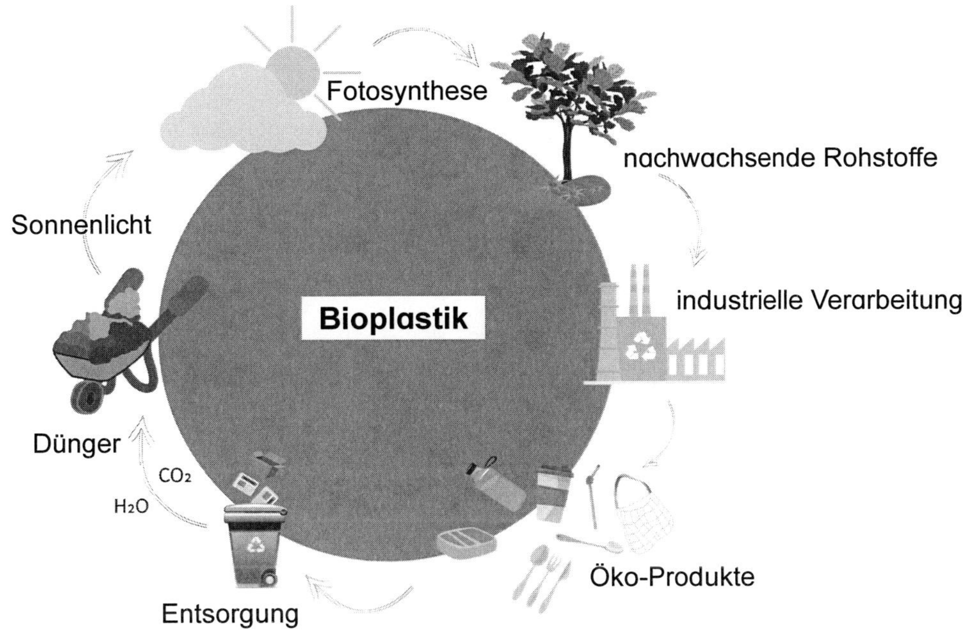

Es gibt auch Plastik, das aus nachwachsenden Rohstoffen hergestellt wird, sogenanntes Bioplastik. Dafür wird z. B. Maisstärke verwendet, zudem Algen oder auch Pflanzenabfälle. Dieser Kunststoff zerfällt beim Abbau wieder in seine natürlichen Bestandteile und wird nicht wie herkömmliches Plastik zu Mikroplastik. Allerdings dürfen keine weiteren Zusatzstoffe hinzukommen.

Die Hälfte der gesamten „Bio"-Plastik-Produktion wird für Einweg-Verpackungen verbraucht. Die Vorstellung, man könne „Bio"-Plastik einfach wegwerfen, weil es ja doch verrotten würde, fördert die Wegwerf- und Verschwendungskultur. Abfallvermeidung und Umweltschutz beginnen jedoch mit der Vermeidung unnötiger Produkte und Verpackungen.

Für langlebige Anwendungsbereiche, bei denen der Einsatz von Kunststoffen sinnvoll ist, kann „Bio"-Plastik eine gute Alternative sein. Ansonsten gilt insbesondere für Verpackungen: Nur Mehrweg und „Unverpackt" stehen für echten Klima- und Ressourcenschutz.

In den meisten industriellen Kompostierungsanlagen hat der Biomüll nur 4 Wochen, um sich zu zersetzen; oftmals zu wenig Zeit für den Abbau von Bioplastik.

PA

Aufgabe 1: *Recherchiert zu den folgenden Aussagen:*

a) *Jede Menge Ackerfläche wird benötigt.*

b) *Mülltüten aus Maisstärke, Becher aus Bambus, biologisch abbaubares Geschirr: Die Alternativen zu herkömmlichem Plastik klingen vielversprechend. Aber ist Bioplastik auch wirklich umweltfreundlicher?*

c) *Bioplastik im Biomüll: keine gute Idee. Warum nicht?*

Lernwerkstatt Plastik
Eine Gefahr für die Umwelt – Bestell-Nr. 12 974

5 Alternativen zu Plastik

Bioplastik – Verschiedene Möglichkeiten

Es gibt bereits viele Alternativen zum herkömmlichen Plastik aus Erdöl. Allerdings sind die Recycling-Anlagen noch nicht auf die neuen Kunststoffe ausgerichtet, sodass das Recycling sehr mühsam ist. Es gibt aber bereits einige Ideen und Materialien, die zu einer echten und nachhaltigen Alternative zu Plastik führen könnten. Dazu zählen:

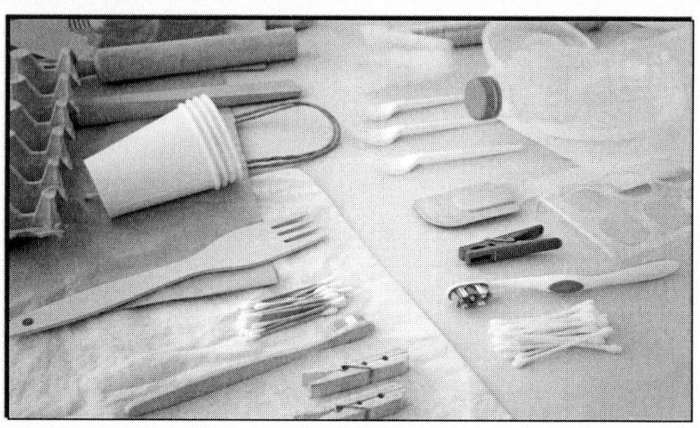

Polymilchsäure (PLA): PLA lässt sich nur industriell und bei hohen Temperaturen herstellen. Benötigt werden dazu Pflanzen. Maisstärke wird bereits häufig (Marktanteil von 80 %) verwendet. Polymere kann man auch aus Zuckerrohr herstellen. Auch aus Rüben lässt sich PLA produzieren.

Chitin: Das natürliche Polymer ist ein Abbauprodukt in Schalentieren. Auch Spinnen, Insekten und Krustentiere haben es in ihren Panzern. Chitin ist nachgewiesen biologisch abbaubar und birgt großes Potential, um Plastik irgendwann ersetzen zu können.

Mycelium: Der Pilz kann unabhängig von Ort und Klima angebaut werden und umweltfreundlich hergestellt werden. Diese Alternative zum Plastik kann theoretisch überall angebaut werden, die Forschung steht hier aber noch am Anfang.

Natriumalginat: Ein isländischer Student hat ein bisschen mit roten Algen und Wasser experimentiert und daraus eine Flasche entwickelt, die zur Aufbewahrung ausreichend fest und sogar essbar ist. Da die Flasche aus natürlichen Materialien besteht, zersetzt sie sich nach kurzer Zeit.

Weizen und Gerste: Besonders Plastikringe von Sechserträgern (bzw. Sixpack) mit Bier oder anderen Getränken sind eine große Gefahr für Meeressäuger und Seevögel. Eine amerikanische Firma hat deshalb diese Ringe aus Weizen und Gerste angefertigt, die Tiere essen können.

Stroh: Muss es Styropor sein? Nein, gepresstes Stroh ist genauso isolierend und nimmt sogar Feuchtigkeit auf.

EA

Aufgabe 2: *Liste die Alternativen auf und finde zu jeder ein Beispiel.*

Lernwerkstatt Plastik
Eine Gefahr für die Umwelt – Bestell-Nr. 12 974

5 Alternativen zu Plastik

Bioplastik selbst gemacht – eine Schale herstellen

Wir stellen Bioplastik her und setzen uns mit dem Begriff Bioökonomie auseinander. Bioplastik steht dabei stellvertretend für zahlreiche andere Produkte, die aus Pflanzen und anderen Biomaterialien hergestellt werden. Wir unterscheiden zwischen einer fossilen und einer biologischen Produktionsweise und diskutieren über die jeweiligen Vor- und Nachteile.

Was ist der Unterschied der Tüten aus Mais (Bioplastik) im Vergleich zu normalen Plastiktüten? Sie sind aus Pflanzen hergestellt. Sie können nach der Nutzung für andere Zwecke wiederverwendet werden.

Diese Art der Produktion wird Bioökonomie genannt. Sie steht im Kontrast zur herkömmlichen Wirtschaft, die fossile Ressourcen nutzt (wie Erdöl oder Metalle).

Auch Plastik wird aus Erdöl hergestellt. Diese Rohstoffe sind nicht erneuerbar.

Produkte der Bioökonomie zeichnen sich unter anderem dadurch aus, dass die Produkte aus Pflanzen hergestellt werden und die Produkte nach der Nutzung für andere Zwecke verwertet werden können.

Für eine „Portion" Bioplastik werden (entsprechend der Klassengröße angepasst) berechnet:

- 1 Esslöffel Stärke
- 1 Teelöffel Essig
- 4 Esslöffel Wasser
- 1 Teelöffel Glycerin (pflanzlich, aus der Apotheke)

Ihr braucht außerdem:

- Herdplatte
- Topf, Schneebesen, Kochlöffel
- Teelöffel, Esslöffel
- Backblech oder eine ähnliche Unterlage
- Schalen (oder ähnliche Gefäße)
- Stoffstücke
- Schere

So geht es:

- Stärke, Essig und Wasser in einem Kochtopf vermischen.
- Anschließend fügt ihr das Glycerin hinzu. Wenn mehr Glycerin hinzugefügt wird, wird das Endprodukt weicher, bei weniger Glycerin härter, aber auch zerbrechlicher.
- Verrührt das Gemisch mit einem Schneebesen und erwärmt es bei mittlerer Hitze und ständigem Rühren.
- Wenn das Gemisch zäher wird, kann mit einem Kochlöffel weitergerührt werden.
- Nach spätestens zehn Minuten ist die Masse klebrig und glasig.
- Reibt die weiche (aber nicht mehr heiße) Substanz in die Stoffstücke ein.
- Der mit Bioplastik getränkte Stoff wird dann auf eine umgedrehte Schale gelegt und glattgestrichen. Achtung: Das Bioplastik ist klebrig und anfangs noch heiß!
- Nach mindestens 24 Stunden ist das Bioplastik trocken. Überstehender Stoff wird abgeschnitten und die Schale vorsichtig entfernt.

www.umwelt-im-unterricht.de

5 Alternativen zu Plastik

Kunststoff aus Bananenschalen

Vorsicht: HCl und NaOH sind ätzend!

Für Schülerversuche wird empfohlen, nur die 3%ige Natronlauge und höchstens die 10%ige HCl zu verwenden.

Ihr braucht:

- Pipette
- Bananenschalenpüree
- HCl - Salzsäure
- NaOH - Natronlauge
- Glycerin
- Backofen
- Petrischale
- Glasstab
- Waage
- Becherglas
- Glasstab

So geht es:

- 10 g Bananenschalenpüree in das Becherglas füllen.
- Fülle mit der Pipette 3 ml HCl, 2 ml Glycerin und 3 ml NaOH in das Becherglas.
- Rühre das Gemisch mit einem Glasstab um.
- Fülle das Gemisch in eine Petrischale.
- Stelle die Petrischale für 10-15 Minuten bei 130 °C in den Backofen.

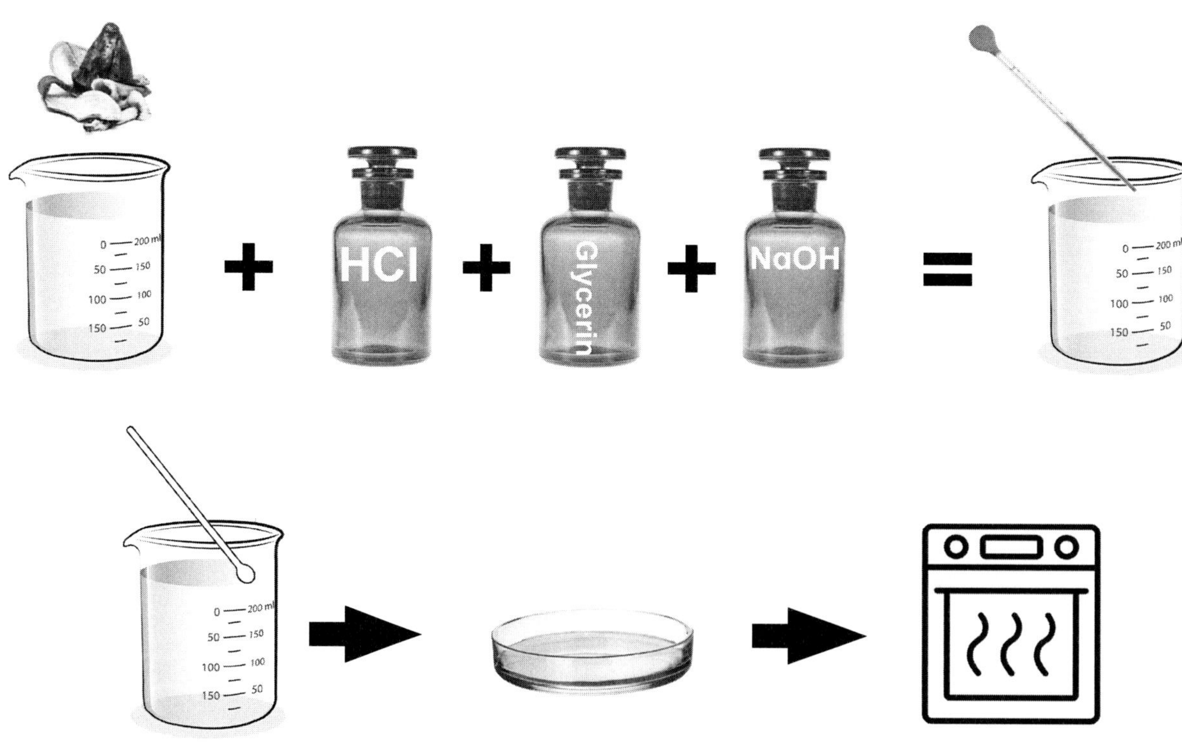

EA

Aufgabe 3: *Diskutiert, welche Vorteile und Nachteile Kunststoff aus einem Abfallprodukt wie Bananenschalen gegenüber einem aus Kartoffelstärke hat.*

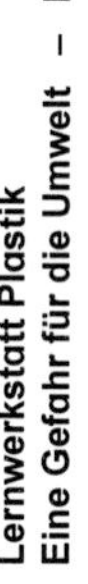

Lernwerkstatt Plastik
Eine Gefahr für die Umwelt – Bestell-Nr. 12 974

5 Alternativen zu Plastik

Natürliche Stoffe

GA

Aufgabe 4: **a)** *Es gibt noch andere Alternativen zu Plastik. Denke an Holz, Porzellan, Glas, Metall. Listet einige Gegenstände auf. Sicher findet ihr weitere hier nicht angegebene Sachen.*

Plastikkochlöffel	Holzkochlöffel
Frischhaltefolie	…
Plastikbecher	
Butterbrotdose aus Plastik	
Plastikflaschen	
Plastikbesteck	
Plastiktüten zum Einkaufen	
Plastikbrettchen	
Synthetik-Pullover	
Joghurt im Plastikbecher	

b) *Welche Tüte ist die beste? Schreibt eure Meinung auf.*

Einweg-Plastiktüte: Wird meist aus Erdöl hergestellt, nur kurz genutzt und richtet Schäden an, wenn sie in die Umwelt gelangt.

Beutel aus Baumwolle: Der Anbau von Baumwolle belastet die Umwelt. Wenn er mehrere Dutzend Male benutzt wird, ist er auf jeden Fall umweltfreundlicher als die Plastiktüte.

Papiertüte: Die Herstellung verbraucht viel Holz und Chemikalien. Besser sind Papiertüten aus Altpapier.

Mehrwegtüten aus recyceltem Plastik: Sie ist stärker und kann deutlich länger genutzt werden als Einwegtüten.

Biologisch abbaubare Plastiktüte: Sie ist nicht recycelbar und gehört auch nicht auf den Kompost.

Biobasierte Plastiktüte: Wird aus Zuckerrohr oder Maisstärke hergestellt, meist aus intensiver Landwirtschaft.

KOHL VERLAG
Lernwerkstatt Plastik
Eine Gefahr für die Umwelt – Bestell-Nr. 12 974

5 Alternativen zu Plastik

Müll bei uns in Europa

i

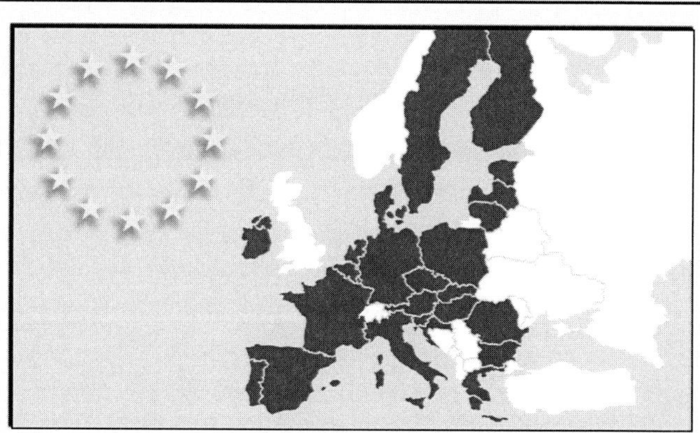

In der Europäischen Union wurden nach einer Schätzung jährlich etwa 36,4 Milliarden Trinkhalme weggeworfen. Im Dezember 2018 wurde daher im Europäischen Parlament eine Richtlinie beschlossen, nach der Kunststoffeinwegprodukte, also auch Trinkhalme, ab 2021 in der Europäischen Union nicht mehr erlaubt sind.

Bei uns in Deutschland werden ungefähr 90 % aller Kunststoffabfälle wieder eingesammelt, aber nur 43 % davon tatsächlich auch recycelt. Mehr als die Hälfte des Plastikmülls wird in deutschen Müllverbrennungsanlagen verbrannt und nicht wiederverwertet.

Im Vergleich zwischen den 27 EU-Mitgliedsstaaten hatte Dänemark im Jahr 2020 mit 845 Kilogramm das höchste Abfallaufkommen pro Person. Auch der Wert Deutschlands lag mit 632 Kilogramm nahe hinter Luxemburg und Malta auf dem 4. Platz.

Seit 2021 gilt in der EU ein punktuelles Plastikverbot.

Dazu gehören:

- Trinkhalme
- Plastikbesteck
- Plastikteller
- Fast-Food-Verpackungen aus Styropor
- „Plastikbecher to go“ aus Styropor
- Wattestäbchen
- Luftballonstäbe

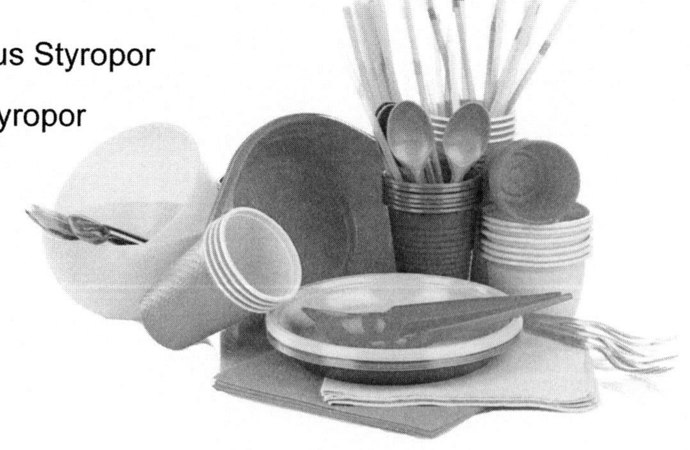

EA

Aufgabe 5: **a)** *Wie viel Plastikmüll wird bei uns wieder eingesammelt?*

b) *Was geschieht mit dem Plastikmüll, der nicht recycelt wird?*

c) *Wie kannst du die Dinge ersetzen, die die EU verboten hat?*

KOHL VERLAG
Lernwerkstatt Plastik
Eine Gefahr für die Umwelt – Bestell-Nr. 12 974

5 Alternativen zu Plastik

Leben ohne Plastik – Versuchen wir es!

Plastik macht unser Leben einfacher, aber unser Umgang damit zerstört den Planeten. Ein Leben ohne Plastik ist möglich – weitgehend zumindest. Plastik vollständig aus unserem Alltag zu verbannen, geht natürlich nicht von heute auf morgen. Aber der Anfang ist gar nicht so schwer.

Thermobecher statt Pappe und Plastik

320.000 Einweg-Becher verbrauchen die Deutschen pro Stunde – ein riesiger Berg Müll. Muss es trotzdem Kaffee zum Mitnehmen sein? Dann nimm wiederverwendbare Becher.

Seife am Stück

Flüssigseife ist bequem und praktisch, aber: Meist kauft man sie im Plastikspender, und das Plastik landet im Müll, sobald der Spender leer ist. Seife am Stück verwenden!

Biologisch abbaubare Zahnbürsten ohne Plastik

Wer auf Kunststoffe im Mund verzichten möchte, findet plastikfreie und plastikreduzierte Zahnbürsten (beispielsweise Bambus- oder Holzzahnbürsten).

Leitungswasser

Wasser in Plastikflaschen muss wirklich nicht sein. Leitungswasser kann man in Deutschland fast überall bedenkenlos trinken.

Plastikfreie Küche – mit Kochlöffeln aus Holz

Viele halten Plastik (Polyamid) für hygienischer, doch aus dem Kunststoff können sich winzige Partikel und Schadstoffe lösen, die dann in deinem Essen landen. Holz ist weniger problematisch in Herstellung und Entsorgung, hält oft länger und gibt keine ungesunden Stoffe ab.

Leere Schraubgläser nutzen

Schraubgläser können zum Beispiel Frischhaltefolie, Alufolie, Plastiktütchen oder billige Plastikdosen ersetzen. Du kannst Lebensmittel darin lagern, dein Mittagessen transportieren oder sie als Ordnungssystem für Kleinkram verwenden.

Milch und Joghurt im Glas

Milch kauft man üblicherweise im Getränkekarton und Joghurt im Plastikbecher – das ist heute völlig normal. Dabei gibt es diese Milchprodukte in fast allen Supermärkten auch in Mehrweg-Gläsern und -flaschen zu kaufen. Dabei solltest du aber unbedingt auf die regionale Herkunft der Milch achten, denn aufgrund des höheren Gewichts haben Glasbehälter nur bei kurzen Transportwegen eine gute Ökobilanz.

5 Alternativen zu Plastik

Leben ohne Plastik – Versuchen wir es!

Duschgel und Shampoo sind fast ausnahmslos in Plastikflaschen verpackt. Aber es gibt auch Alternativen: Nachfüllpackungen helfen hier beispielsweise immerhin, Plastikmüll zu reduzieren. Unverpackt-Läden und auch immer mehr Drogerien bieten Duschgels und Shampoos zum Selberabfüllen oder in fester Form an: Duschseife und Haarseife.

Gemüse und Obst ohne Verpackung und ohne Plastik

Es ist schade, dass gerade frische Lebensmittel wie Obst und Gemüse oft in Plastik eingeschweißt werden. Für Umwelt und Gesundheit ist es besser, wenn wir Obst und Gemüse lose einkaufen oder höchstens in Papier verpacken.

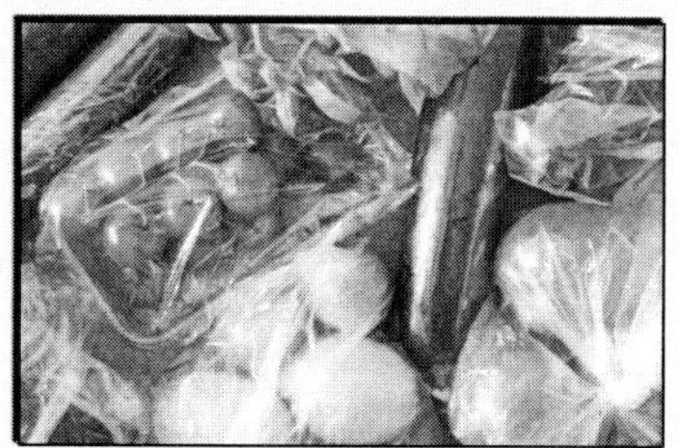

Brotdosen aus Edelstahl, Glas und Holz

Wer sein Essen in Brotdosen mitnimmt, spart Verpackungsmüll und macht vieles besser. Längst gibt es auch Alternativen zur klassischen Plastikdose: Brotboxen aus Edelstahl, Glas und sogar Holz kommen ohne Plastik aus, sind langlebig und schadstofffrei.

Leben ohne Plastiktüte

Einweg-Tüten kannst du kinderleicht ersetzen – durch Stofftaschen, Netze oder Einkaufskörbe, die sich fast endlos wiederverwenden lassen.

Fertiggerichte

Die meisten Fertiggerichte stecken nicht nur voller künstlicher Zusatzstoffe und verstecktem Zucker, sondern auch in jeder Menge Kunststoffverpackung. Man sollte sie meiden.

Frischhaltefolie

Ständig wickeln wir irgendwas in Plastik- oder Alu-Folie ein (meist, um es frisch zu halten). Eine interessante Alternative sind Bienenwachstücher.

Trinkflaschen

Zwar hat sich inzwischen herumgesprochen, dass wiederbefüllbare Trinkflaschen besser sind als Einwegflaschen. Doch: Auch diese sind meist aus Plastik und können bedenkliche Stoffe enthalten. Wir empfehlen deshalb vor allem Trinkflaschen aus Glas oder Edelstahl.

PA

__Aufgabe 6__: *Es gibt weitere Möglichkeiten, Plastik einzusparen. Überlegt gemeinsam und schreibt sie auf. Welche wären für euch machbar? Diskutiert darüber. Natürlich sollt ihr intakte Plastikprodukte nicht wegwerfen. Denkt nur bei einer Neuanschaffung nach, ob es keine kunststofffreie Alternative gibt, mit der ihr leben könntet.*

Lernwerkstatt Plastik
Eine Gefahr für die Umwelt – Bestell-Nr. 12 974

5 Alternativen zu Plastik

No Waste – Im Unverpackt-Laden

i

Plastik ist vielseitig, leicht, praktisch – aber eines der größten Umweltprobleme unserer Zeit. Auf Plastik zu verzichten ist nicht einfach, doch es geht. Das zeigen verpackungsfreie Läden, die – nach dem Vorbild von „Original Unverpackt" – in den vergangenen Jahren entstanden sind oder noch entstehen.

Ein verpackungsfreier Supermarkt oder „Unverpackt-Laden" kommt in der Regel weitestgehend ohne Einwegverpackungen aus. Diese Läden und Supermärkte bieten so gut wie alle Waren „offen" zum Abfüllen oder in wiederverwendbaren (Pfand-)behältern an. Man kann sich die gerade benötigte Menge in mitgebrachte Behälter selbst abfüllen oder einpacken und so plastikfrei einkaufen. Egal ob Nudeln, Reis, Hülsenfrüchte, Kaffee, Süßwaren, Seife oder Waschmittel: Hier bekommt man fast alles als lose Ware.

Gewürze und Kräuter löffelt man sich aus großen Gläsern in kleine Behälter, Essig und Öl füllt man sich aus Kanistern in kleine Flaschen, Eier packt man in selbst mitgebrachte Kartons, Käse in Papier, Vorratsdosen oder Wachstücher.

Einkaufen ohne Verpackung funktioniert selbst mit Duschgel oder Waschmittel, dank des Selbstabfüllens. Das Eigengewicht der mitgebrachten Behälter wird vor dem Befüllen in den Unverpackt-Läden notiert und an der Kasse abgezogen, sodass man wirklich nur bezahlt, was man mitnimmt. Und wer gerade keine eigenen Behälter dabei hat, kann im Laden welche erwerben oder ausleihen.

Das Konzept der Läden spart Unmengen an Plastikverpackungen, die unter hohem Energieaufwand produziert werden, nur um kurz nach dem Einkauf im Müll zu landen. Die Kunden ihre Waren selbst abfüllen zu lassen, erlaubt es zudem, nur die wirklich benötigte Menge zu kaufen und so Lebensmittelverschwendung zu reduzieren. Viele der Unverpackt-Läden verkaufen darüberhinaus Bio-Waren und legen besonderen Wert auf regionale Erzeugung.

EA

Aufgabe 7: **a)** *Sprecht in der Klasse darüber: Sind in Plastik eingeschweißte Gurken hygienischer als unverpackte?*

b) *Ist es in Ordnung, wenn jeder seine eigene „Verpackung" mitbringt?*

Lernwerkstatt Plastik
Eine Gefahr für die Umwelt – Bestell-Nr. 12 974

5 Alternativen zu Plastik

Zero Waste: Die Vermeidung von Müll

Der Begriff Zero Waste bedeutet „Null Müll“ und bezeichnet einen Lebensstil, bei dem man versucht, die Entstehung von Müll komplett zu vermeiden. Dabei geht es in erster Linie um eine massive Reduktion, die sich vor allem auf die folgenden vier Punkte konzentriert:

- Verpackungsmüll
- Plastik/Kunststoff
- Elektroschrott
- Lebensmittel

Man denkt erst einmal, dass das Leben nach den Zero-Waste-Prinzipien zeitintensiv und kostspielig ist. Dabei soll die Idee Geld und Zeit sparen, indem auf unnötigen Konsum verzichtet wird – man kauft einfach nur noch das, was man auch tatsächlich braucht. Unter denjenigen, die Zero Waste umsetzen, den sogenannten „Zero Wastelern“, wird das Konzept auf unterschiedliche Art und Weise gelebt: Einige versuchen, vornehmlich auf Plastik und Einwegmüll zu verzichten, wohingegen andere die Müllentstehung generell vermeiden wollen.

Als Begründerin beziehungsweise Erfinderin vom Zero-Waste-Lebensstil gilt Bea Johnson. Die Französin lebt seit 2008 zusammen mit ihrem Mann und ihren Kindern in Kalifornien – und das (nahezu) müllfrei: Der gesamte Jahresmüll der Familie passt in einen einzigen Eimer.

Grundsätze von Zero Waste: Die 5 Rs

Bei der Umsetzung von Zero Waste gibt es fünf Grundsätze (die fünf Rs). die man einhalten sollte:

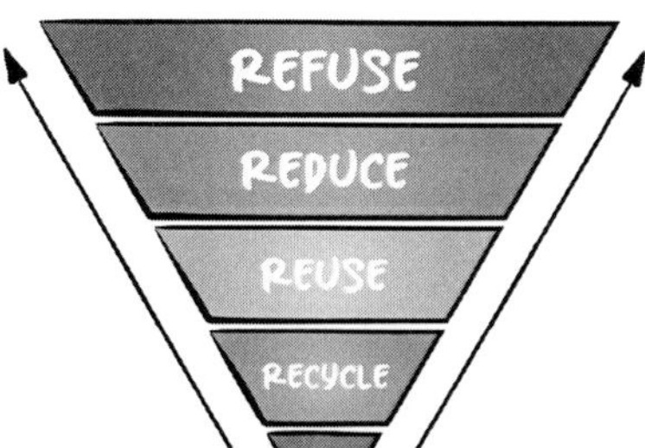

1. Refuse (ablehnen, vermeiden): auf Unnötiges verzichten
2. Reduce (reduzieren): den Besitz verringern
3. Reuse (wiederverwenden, reparieren): alles so oft/lange wie möglich verwenden
4. Recycle (recyceln): nur das Nötigste entsorgen, alles andere wieder verwenden
5. Rot (kompostieren): wenn nichts anderes möglich ist, kompostieren

PA

Aufgabe 8: *Findet zu den 5 Rs jeweils ein Beispiel.*

KOHL VERLAG
Lernwerkstatt Plastik
Eine Gefahr für die Umwelt – Bestell-Nr. 12 974

6 Mikroplastik

Was ist Mikroplastik?

i

Mikroplastik ist heutzutage in allen Bereichen der Umwelt nachweisbar: in den Ozeanen, im Boden, in Flüssen, im Trinkwasser, in der Luft usw. Und so gelangt das Mikroplastik über die Luft oder über die Nahrungsaufnahme auch in den menschlichen Organismus. Duschgel oder Shampoo sowie Kosmetikprodukte enthalten Mikroplastik. Über das Abwasser gelangen die winzigen Plastikkügelchen ins Meer. Auch Autoreifen verlieren beim Fahren Mikroplastik. Mikroplastik sind kleinste Plastikteilchen, die im Durchmesser kleiner als fünf Millimeter sind.

Wird Mikroplastik hergestellt, nennt man es primäres Mikroplastik. Es gibt Duschgel und Waschpeelings mit „Mikroperlen", kleinen Kunststoffkügelchen. Sekundäres Mikroplastik entsteht während der Nutzung und Entsorgung von Kunststoffprodukten (z. B. Faserabrieb beim Waschen synthetischer Textilien) oder bei der Zersetzung von Makro- zu Mikroplastik.

Wir führen ein Experiment durch, um herauszufinden, wie Mikroplastik aussehen kann und um zu verstehen, wie die kleinen Plastikteilchen in das Wasser oder in die Luft gelangen können.

Ihr braucht:

- 1 Pflegeprodukt (mit Polyethylen – häufig PE, PP, PA genannt)
- 1 weißen Kaffeefilter
- Wasser

So geht es:

- Teilt euch in kleine Gruppen ein.
- Löst einen Klecks des Peelings (in der Größe eines Tischtennisballs) in einem Glas mit 100 ml Wasser auf.
- Gießt nun die Flüssigkeit durch einen Kaffeefilter – falls dabei Schaum entstehen sollte, könnt ihr mit Wasser hinterherspülen, bis dieser sich aufgelöst hat.
- Lasst den Kaffeefilter trocknen und besprecht anschließend mit der gesamten Klasse, was ihr seht.
- Überlegt nun, wie Mikroplastik von eurem Badezimmer in die Flüsse, Seen und Meere gelangen kann.

PA

Aufgabe 1: **a)** *Wo findet man heute Mikroplastik?*

b) *Schaut im Supermarkt, beim Discounter oder im Drogeriemarkt nach Pflegeprodukten. Welche findet ihr „ohne Mikroplastik"?*

Lernwerkstatt Plastik
Eine Gefahr für die Umwelt – Bestell-Nr. 12 974

6 Mikroplastik

Wie Mikroplastik in unseren Körper gelangen kann

EA

Aufgabe 2: *Hier siehst du einige Möglichkeiten, wie das Mikroplastik in den Körper gelangen kann und was du dagegen tun kannst. Ordne die Sätze passend zu, indem du die richtige Nummer in das Kästchen einträgst.*

1. Trinke Leitungswasser, kein Wasser aus Plastikflaschen.
2. Erhitze keine Lebensmittel in Plastikgefäßen.
3. Autoreifen verlieren beim Fahren Mikroplastik, das atmen wir ein.
4. In vielen Kosmetikprodukten findet sich Mikroplastik.
5. Fische nehmen Mikroplastik aus Kosmetikprodukten auf, so gelangt es in unsere Nahrung.
6. Im Meer zerfallen Flaschen in Mikroplastik und werden von Fischen gefressen.

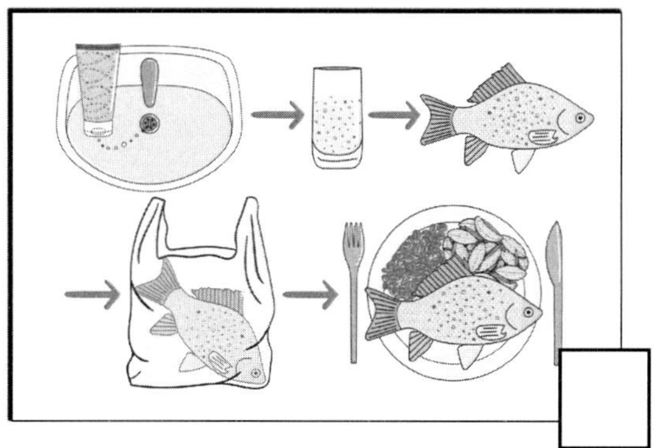

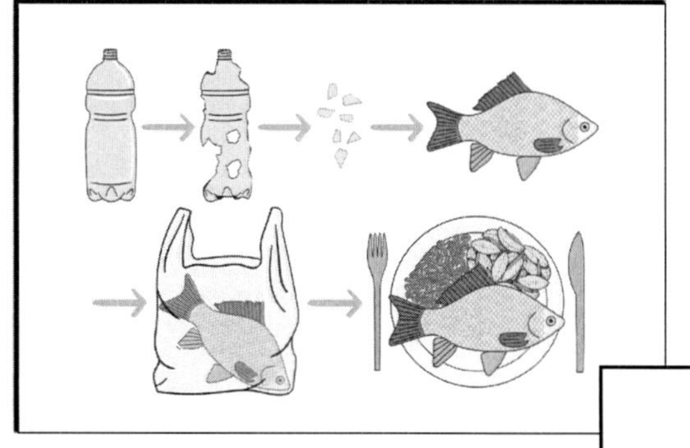

KOHL VERLAG Lernwerkstatt Plastik Eine Gefahr für die Umwelt – Bestell-Nr. 12 974

6 Mikroplastik

Mikroplastik aus unserer Kleidung – Versuch

Wie gelangt Mikroplastik aus unserer Kleidung in die Umwelt?

Ihr braucht:

- Mikrofasertuch
- 2 Bechergläser
- 1 Trichter
- 1 Filter
- 1 Spatel oder Teelöffel
- Wasser
- evtl. eine Lupe

So geht es:

- Ein Mikrofasertuch wird in eines der Bechergläser gesteckt.
- Das Glas wird mit Leitungswasser aufgefüllt.
- Nun soll der Waschvorgang einer Waschmaschine stattfinden, indem für einige Zeit (je länger, desto mehr Fasern lösen sich) kräftig mit einem Spatel oder Teelöffel umgerührt wird.
- In das zweite, leere Becherglas wird der Trichter mit dem Filter gestellt.
- Das Tuch wird vorsichtig herausgenommen, ausgewrungen und zum Trocknen beiseitegelegt.
- Dann wird der Inhalt des Becherglases durch den Filter geschüttet. Das Mikroplastik bleibt im Filter hängen und kann (mit dem bloßen Auge oder durch eine Lupe) genauer untersucht werden.

i

Was sind Kunstfasern?

Lycra, Nylon, Polyacryl oder Polyester steht auf den Etiketten unserer Kleidung.

Bei jedem Waschen dieser Chemiefasern lösen sich Fasern aus den Textilien, die als winzig kleine Plastikpartikelchen – Mikroplastik genannt – in unser Abwasser gespült werden.

Kunstfasern werden durch chemische Prozesse hergestellt und daher „synthetische Chemiefasern“ genannt. Synthetische Chemiefasern wie Polyester und Elastan sind reine „Chemieprodukte“ aus Kohle, Erdöl und Erdgas.

Neben den synthetischen Chemiefasern gibt es noch die halbsynthetischen Chemiefasern wie Viskose. Sie werden aus nachwachsenden Rohstoffen wie Holz gewonnen und anschließend chemisch stark verändert.

Im Gegensatz zu den Chemiefasern bestehen Naturfasern (Wolle und Baumwolle) aus pflanzlichen und tierischen Fasern, die direkt zu Garn verarbeitet werden können.

EA

Aufgabe 3: *Schaut in eure Pullis. Was steht auf den Etiketten?*

6 Mikroplastik

Mikroplastik im Meer

Als Mikroplastik werden kleine Kunststoffteilchen mit einem Durchmesser unter 5 mm bezeichnet. Dabei gibt es zwei Arten von Mikroplastik: das primäre Mikroplastik und das sekundäre Mikroplastik. Primäres Mikroplastik kommt beispielsweise aus Granulaten in Kosmetik und Hygieneprodukten (wie Peelings, Zahnpasta oder Handwaschmittel). Sekundäres Mikroplastik entsteht durch die Zersetzung von Makroplastikteilen. Diese Zersetzung entsteht durch Witterungseinflüsse, durch Felsen, durch Salzwasser oder durch das Sonnenlicht.

Viele Kleidungsstücke bestehen aus künstlichen Fasern. Bei jedem Waschen verlieren sie welche. Diese Fasern gelangen trotz der Filter in Waschmaschinen und Kläranlagen ins Meer.

Kunststoffe verrotten nicht. Ist Plastik einmal hergestellt, bleibt es für immer da. Diese Eigenschaft sorgt dafür, dass Kunststoffe ein enormes Umweltproblem verursachen. Ein Beispiel: Eine Plastikflasche bleibt mindestens 450 Jahre im Meer, bis sie sich zu kleinerem Mikroplastik zersetzt hat. Hochrechnungen besagen, dass bis 2050 mehr Plastikmüll im Meer sein wird, als es Fische dort gibt.

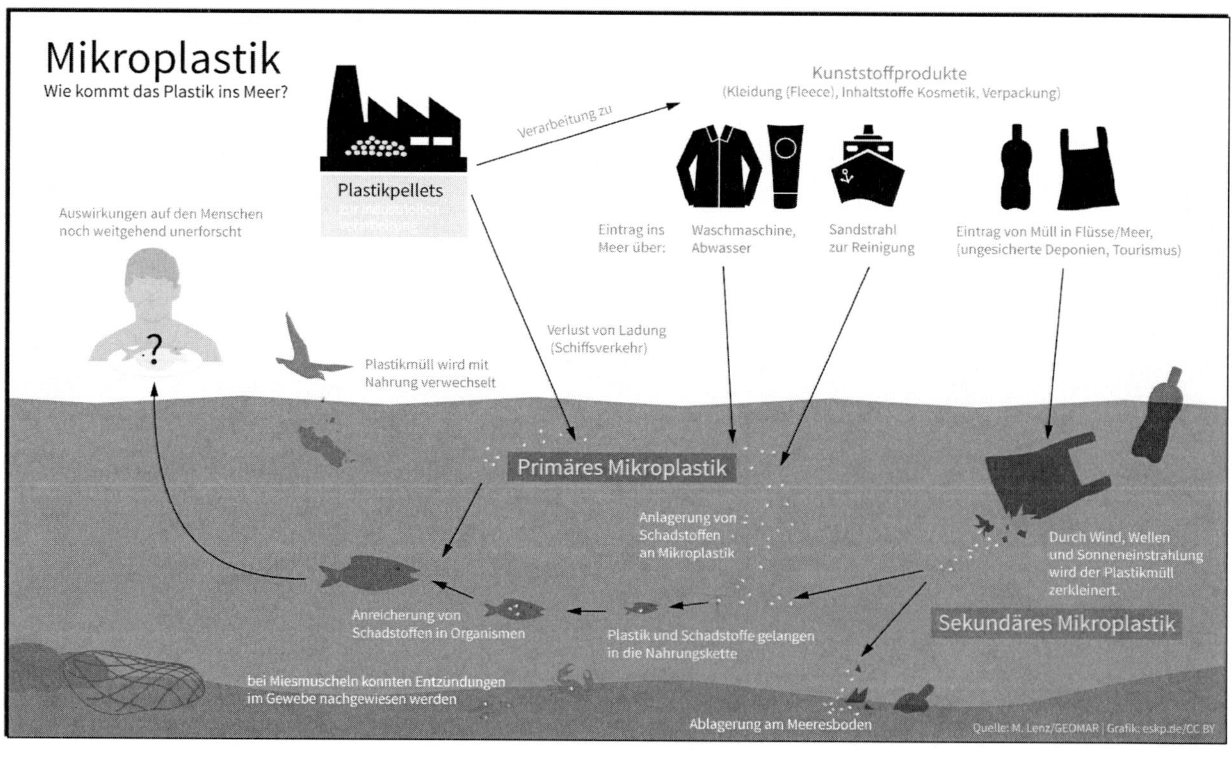

EA

Aufgabe 4: a) *Was unterscheidet primäres und sekundäres Mikroplastik? Erkläre!*

b) *Beschreibe, wie primäres und sekundäres Mikroplastik ins Meer kommen.*

Lernwerkstatt Plastik
Eine Gefahr für die Umwelt – Bestell-Nr. 12 974

6 Mikroplastik

Great Pacific Garbage Patch

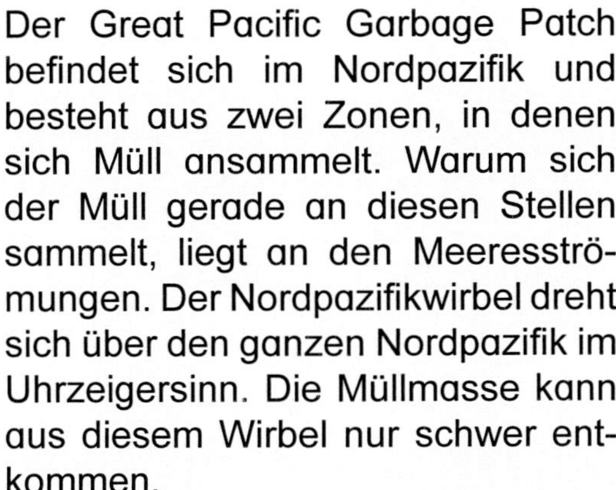

Der Great Pacific Garbage Patch befindet sich im Nordpazifik und besteht aus zwei Zonen, in denen sich Müll ansammelt. Warum sich der Müll gerade an diesen Stellen sammelt, liegt an den Meeresströmungen. Der Nordpazifikwirbel dreht sich über den ganzen Nordpazifik im Uhrzeigersinn. Die Müllmasse kann aus diesem Wirbel nur schwer entkommen.

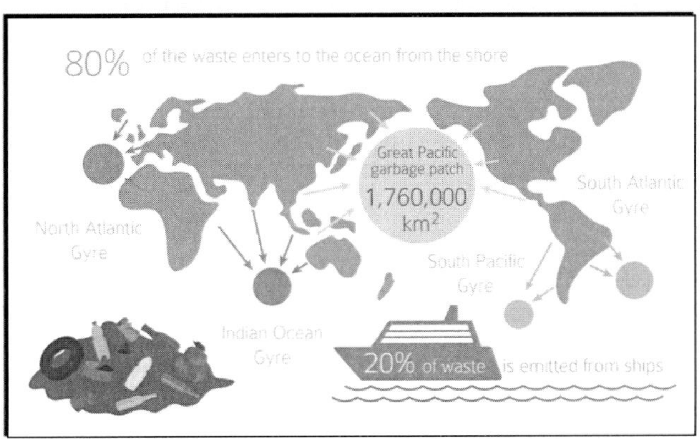

Das Great Pacific Garbage Patch ist der größte und bekannteste Müllstrudel der Welt, es gibt aber noch vier weitere (im Südpazifik, im Nord- und Südatlantik und im Indischen Ozean).

Die Studie dazu stammt aus 2018, das Great Pacific Garbage Patch ist heute also noch größer. Das Gebiet ist 1,6 Millionen km² groß und damit etwa dreimal so groß wie Frankreich. Es liegt zwischen Hawaii und Kalifornien im Pazifik. Es liegen ungefähr 80.000 Tonnen Plastikmüll dort, das ist so viel wie 8 Eiffeltürme. Insgesamt schwimmen 1,8 Billionen Plastikstücke im Great Pacific Garbage Patch, also im Durchschnitt 230 Stücke für jeden einzelnen Menschen auf der Erde. Viele dieser Stücke sind winzig klein und gelten als Mikroplastik. Die Tiere im Meer verwechseln die Plastikstücke häufig mit Nahrung. Das Ergebnis ist, dass die Fische, Vögel und andere Tiere das Plastik nicht verdauen können und sterben.

PA

Aufgabe 5: **a)** *Wo liegt der Great Pacific Garbage Patch?*

b) *Schaut auf die Grafik und notiert: Wie viel Müll besteht aus Plastik? Wie viel aus ausrangierten Fischfanggeräten?*

6 Mikroplastik

Mikroplastik und Meerestiere

Tiere fressen Plastik: Mikroplastik-Teilchen sind so klein, dass sie selbst von Plankton aufgenommen werden, dem ersten Glied der Nahrungskette. Das Plankton wird wiederum von Fischen gefressen, die dann unsere Nahrung darstellen. Meeresschildkröten halten herumschwimmende Plastiktüten oder Plastikflaschen für Quallen und fressen sie. Die aufgefressenen Plastikteile können den Magen verstopfen, ohne das Tier zu ernähren. Seevögel und Meerestiere verhungern in Folge eines mit Plastik gefüllten Magens. Auch die Giftstoffe im Plastik können Tiere krank machen und töten. Denn Mikroplastik zieht wie ein Magnet verschiedene Gifte an und speichert sie.

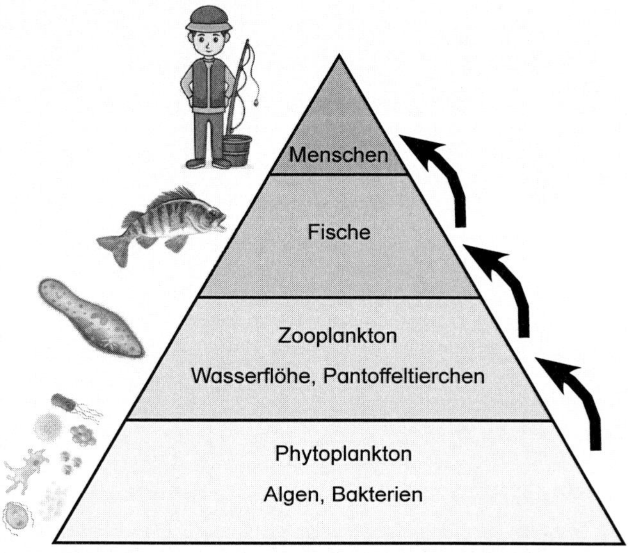

Größere Tiere wie Seehunde, Delfine, Meeresschildkröten und Seevögel verheddern sich in Geisternetzen, verletzen sich und ertrinken.

Plastik zerstört auch Lebensräume von Tieren – vor allem Korallenriffe, Tangwälder oder Küsten. Plastiktüten bedecken die Korallenriffe und schädigen die vielen empfindlichen Lebewesen dort.

Wie das Mikroplastik in unseren Körper kommt, ist noch unklar. Eine Möglichkeit ist über den Verzehr von Meerestieren. Der Konsum von Fisch wird aber bisher als weniger bedenklich eingestuft, da Fische Mikroplastik selbst eher über den Magen aufnehmen. Der wird jedoch vor dem Verzehr entfernt. Ob Fische Plastik auch in ihrer Muskelmasse tragen, ist bisher noch nicht ausreichend erforscht. Der Konsum anderer Meerestiere wie Muscheln oder Garnelen ist bedenklicher, da die kleinen Plastikteilchen die Zellmembranen dieser Meerestiere direkt passieren können. Beim Verzehr nimmt der Mensch das Plastik also mit auf. Darüber hinaus könnte es sein, dass auch hier die Verpackungen eine Rolle spielen.

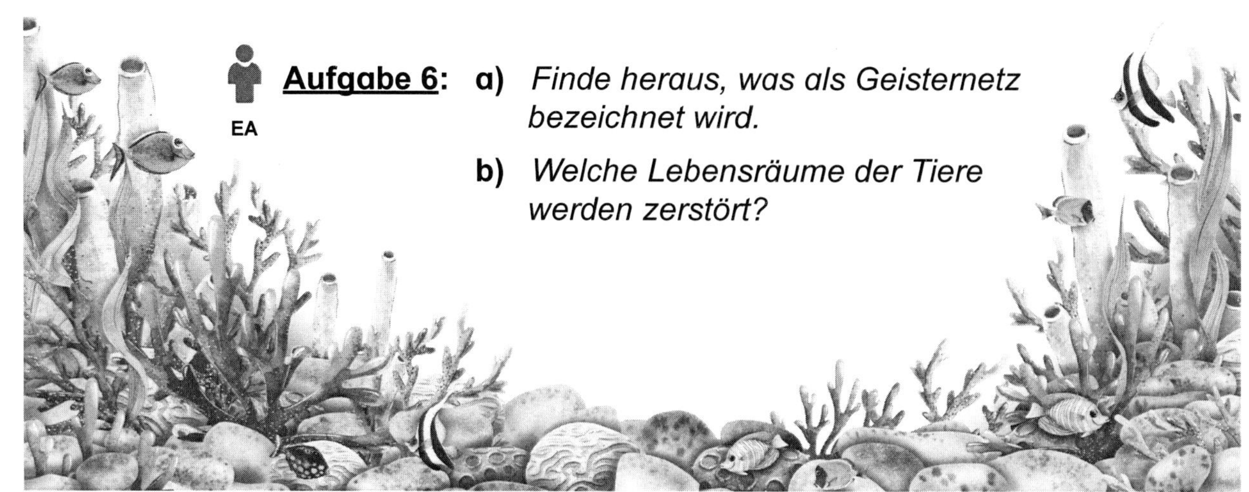

EA

Aufgabe 6: **a)** *Finde heraus, was als Geisternetz bezeichnet wird.*

b) *Welche Lebensräume der Tiere werden zerstört?*

Lernwerkstatt Plastik
Eine Gefahr für die Umwelt – Bestell-Nr. 12 974
KOHL VERLAG

7 Plastik – Fluch oder Segen?

Vorteile und Nutzen von Plastik

i

Jahrzehntelang wurde Plastik als Alleskönner gefeiert. Seinen guten Ruf verdankte es unter anderem seiner Vielseitigkeit: Plastik kann durch den Zusatz verschiedener Stoffe entweder weich und elastisch oder eben hart und stoßfest werden, es kann durchscheinend oder blickdicht sein und alle möglichen Farben und Formen annehmen. Dabei ist es bruchfester als Glas, leichter als so manches Metall und dazu auch noch günstig in der Herstellung. Man könnte sagen: Wir leben in der Plastikzeit!

Plastik hat sich also in fast allen Bereichen unseres Lebens ausgebreitet. Genau hier liegt das Problem: Es gibt zu viel von diesem Wunderstoff. Schon bei der Herstellung, bei der Erdöl oder Erdgas benötigt wird, verbucht es eine negative Umweltbilanz. Und auch die Entsorgung wird der Masse an Plastik nicht gerecht, weshalb es sich zunehmend in der Umwelt anreichert und eine Gefahr für die Natur darstellt.

Doch sinnvoll und gewissenhaft genutzt, sind Kunststoffe durchaus ein wichtiger Bestandteil unseres Alltags.

Kunststoffe werden in zahlreichen Gebieten genutzt und sind zum Beispiel aus der Medizin, Elektronik, Mobilität, dem Sport, der Baubranche und der Verpackungsindustrie nicht mehr wegzudenken.

EA

Aufgabe 1:

a) *Findet heraus: In welchem Teil eurer Kleidung ist kein Kunststoff enthalten?*

b) *Welche Kunststoffe kannst du in deinen Pullis entdecken?*

c) *Besitzt du Kosmetik oder Hygieneartikel, in denen kein Plastik enthalten ist?*

d) *In welcher Kosmetik ist welches Plastik?*

e) *Betrachte deinen Schulrucksack. Was darin ist nicht aus Plastik?*

f) *Was besteht am Rucksack – wenn auch nur teilweise – aus Plastik?*

g) *Worauf könntest du verzichten oder Alternativen nutzen?*

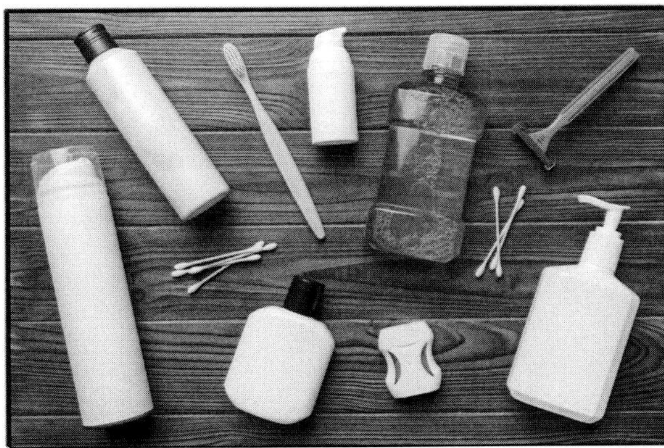

7 Plastik – Fluch oder Segen?

Plastik in der Medizin

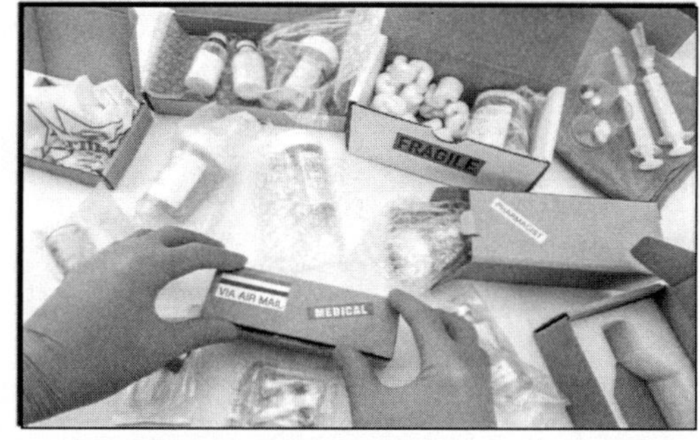

Einwegplastik ist für viele Krankenhäuser die naheliegende Option – günstig, haltbar und leicht zu entsorgen. Jeder Gegenstand aus frisch geöffneten Plastikbehältern ist steril. So kommen so ziemlich alle verwendeten Materialien in einer Klinik aus der sprichwörtlichen Plastiktüte.

Hygienische Einwegartikel vereinfachen die Arbeit, da sie nicht aufwändig sterilisiert werden müssen. Spritzen, Kanülen und Infusionsbestecke für den einmaligen Gebrauch werden in Arztpraxen, Impfzentren und Krankenhäusern millionenfach eingesetzt.

Mit Verpackungen und Verschlüssen aus Kunststoff können Medikamente und Impfstoffe sauber – wenn nötig steril – aufbewahrt werden. Beispiele sind Behälter und Verpackungen für Tabletten oder Verschlussstopfen für Impfampullen.

Schläuche, Katheter, Beutel und Masken aus Kunststoff werden zur Blutabnahme, für Infusionen und zur Beatmung eingesetzt. Da Schläuche und Beutel durchsichtig sind, kann man zudem sehen, ob sich eine Flüssigkeit darin befindet und welche Farbe sie hat.

Kontaktlinsen und Teile von Hörgeräten sind ebenso aus Kunststoff wie Implantate, beispielsweise Herzklappen und Prothesen, künstliche Gelenke und Knochenteile, Brillen, Zahnspangen und Zahnersatz.

PA

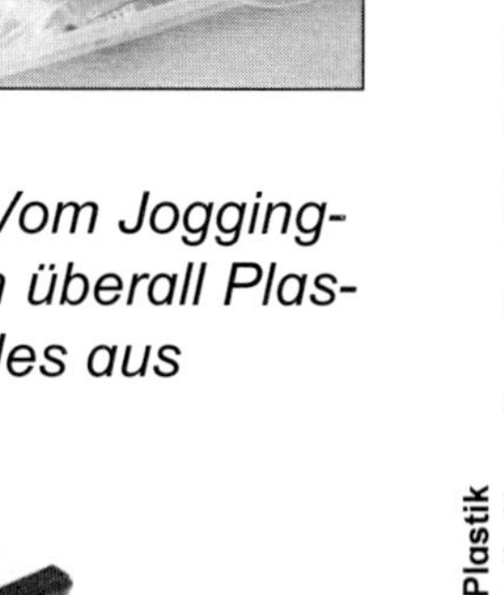

Aufgabe 2:

a) *Nenne 6 Einsatzgebiete in der Medizin, wo Plastik sinnvoll ist.*

b) *Warum ist es wichtig, dass z. B. Schläuche und Spritzen steril sind?*

c) *Was ist der Vorteil von durchsichtigen Schläuchen und Beuteln?*

d) *Auch beim Sport kommen wir ohne Plastik nicht aus. Vom Jogging-Anzug über Turnschuhe bis zur Sporttasche findet sich überall Plastik darin. Wählt eine Sportart aus und zählt auf, was alles aus Kunststoff ist.*

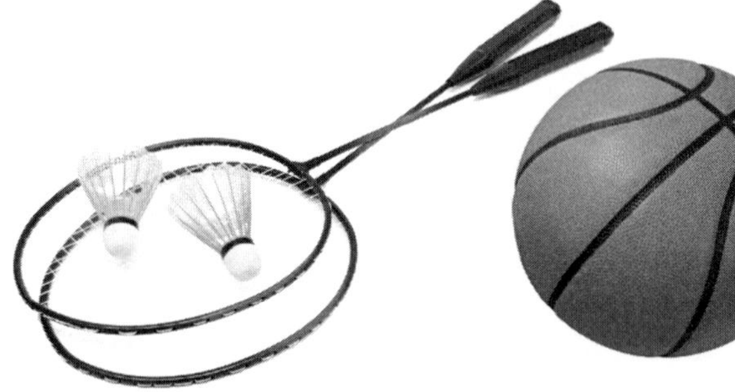

Lernwerkstatt Plastik
Eine Gefahr für die Umwelt – Bestell-Nr. 12 974
KOHL VERLAG

7 Plastik – Fluch oder Segen?

Plastik in der Verpackungsindustrie

Gerade als Verpackung für Lebensmittel ist Plastik verschrien. Und das in vielen Fällen auch zu Recht. Die Sinnlosigkeit von Plastikfolien um Gurken, Bananen, Orangen oder anderen Lebensmitteln, die durch ihre Schale eine künstliche Plastikverpackung eigentlich überflüssig machen, und das portionierte Abpacken kleinster Einzelteile, bei dem zusätzlicher Müll anfällt, werden schon seit längerer Zeit durchaus kritisch gesehen. Hinzu kommt, dass Plastik trotz Zulassung in Hinsicht auf Gesundheitsgefährdungen nicht unbedenklich ist, da sich zum Beispiel Weichmacher lösen und in die Lebensmittel übergehen können.

Andererseits sorgt Plastik aber auch dafür, dass Lebensmittel länger halten und kann so dazu beitragen, dass weniger Lebensmittel verschwendet werden. Hinzu kommt, dass Plastik die Lebensmittel vor Keimen oder mechanischen Einflüssen schützt, sodass sie hygienisch unbedenklich bleiben und zum Beispiel beim Transport nicht beschädigt werden.

Ein weiterer Vorteil von Plastik ist sein geringes Gewicht, wodurch es indirekt zur Einsparung von CO_2 beitragen kann. Plastik ist deutlich leichter als Glas, weshalb es als Material von Getränkeflaschen beispielsweise beim Transport in einem LKW Gewicht spart und somit zu einem geringeren Kraftstoffverbrauch beitragen kann. Schaut man sich jedoch die Ökobilanz von Plastik insgesamt an und beachtet, dass allein für die Herstellung von Plastik bereits Erdöl verbraucht wird, ist dieses Argument doch kritisch zu sehen.

EA

Aufgabe 3: *Geht in einen Supermarkt oder zum Discounter. Findet heraus:*

a) *Welche Lebensmittel sind nicht verpackt?*

b) *Welche Lebensmittel gibt es in Verpackungen ohne Plastik?*

c) *Was könnte man ändern? Betrachtet Fleisch, Käse, Gemüse und Obst … Schreibt eure Ideen in die Tabelle.*

	Änderungsidee:
Gemüse	
Obst	
Käse	
Fleisch	
Aufschnitt	
Brot, Brötchen	

Lösungen

1 Plastik - ein Überblick

Aufgabe 1: **a) + b)** Individuelle Lösungen

Aufgabe 2: **a)**

Vorteile	Nachteile
flexibel	nicht biologisch abbaubar
kostengünstig	gesundheitsgefährdende Stoffe enthalten
wärmedämmend	brennbar
elektrisch isolierend	erfordert Erdöl (begrenzter Rohstoff)
oft wiederverwendbar	Müllproblem in der Umwelt
leicht	kann von organischen Lösungen angegriffen werden

b) Beimischung von Zusatzstoffen wie Farbe, Weichmachern, Lichtschutzmitteln usw.

Aufgabe 3:

a) Zu den fossilen Brennstoffen zählen Erdöl, Kohle oder Erdgas.

b) Monomere sind niedermolekulare, reaktionsfähige Moleküle. Polymere sind hochmolekulare chemische Verbindungen aus wiederholten Monomeren.

c) Dieses organische Material wurde aus Zellulose abgeleitet. Es ließ sich formen, während es erhitzt wurde, und behielt seine Form nach dem Abkühlen bei.

d) Bakelit wurde 1907 erfunden.

e) Die Probleme, dieses Material zu färben und die Unmöglichkeit des Recycelns sind Gründe, warum das Bakelit später durch andere Kunststoffe verdrängt wurde.

2 Wie wird Plastik hergestellt?

Aufgabe 1:

a) Destillation: (lat. destillare „herabtröpfeln") ist ein thermisches Trennverfahren, um ein flüssiges Gemisch verschiedener, ineinander löslicher Stoffe zu trennen.
Cracken (engl. to crack, „spalten"), ist ein Verfahren der Erdöl-Verarbeitung, wobei Kohlenwasserstoffe längerer Kettenlänge in Kohlenwasserstoffe kürzerer Kettenlänge gespalten werden. Als Synthese (altgriechisch „Zusammensetzung", „Verknüpfung") wird die Vereinigung von zwei oder mehreren Bestandteilen oder Elementen zu einer neuen Einheit verstanden.

b) An das Rohbenzin gelangt man durch Destillation des Erdöls.

c) Neben dem Rohbenzin fallen mit Gas, Diesel, Heizöle und Gasöl weitere Bestandteile des Erdöls an.

Aufgabe 2: Von oben nach unten: Polymerisation, Polykondensation, Polyaddition

Aufgabe 3:

G	E	R	B	E	D	E	A	T	E	G	J	I	N	P	O	L	Y	W
E	I	F	A	R	B	S	T	O	F	F	E	G	G	B	A	L	I	N
F	V	E	R	F	A	L	T	R	E	Z	A	E	L	G	E	I	L	T
Ü	E	R	F	W	E	I	C	H	M	A	C	H	E	R	E	B	E	N
L	F	E	R	N	O	S	T	I	N	L	A	S	I	C	H	E	R	T
L	I	C	H	T	S	C	H	U	T	Z	M	I	T	T	E	L	E	I
S	L	K	C	K	T	S	C	A	U	E	R	T	M	A	T	Z	E	R
T	K	E	R	N	A	N	T	I	S	T	A	T	I	K	A	M	M	U
O	T	T	I	F	A	N	T	I	L	U	S	S	T	B	E	F	U	I
F	E	R	A	N	T	I	O	X	I	D	A	N	T	I	E	N	K	O
F	R	I	C	K	I	N	H	E	S	T	I	S	E	S	E	H	L	T
E	U	P	T	R	E	I	B	M	I	T	T	E	L	H	E	F	S	E
F	E	R	N	R	E	I	P	F	U	M	G	S	I	L	U	M	A	T
H	I	T	Z	E	S	T	A	B	I	L	I	S	A	T	O	R	E	N

Aufgabe 4:

a) **Thermoplaste/Plastomere:** Unter Wärmeeinfluss lassen sich diese Kunststoffe verformen.

Duroplaste: Diese Kunststoffe sind spröde und können nach dem Aushärten nicht erneut verformt werden.

Elastomere lassen sich durch Ziehen und Drücken verformen, nehmen ihre ursprüngliche Form aber von alleine wieder ein.

b) **Thermoplaste:** Plastikbeutel, Eimer, Frischhaltefolie, Shampooflaschen, Limokästen, Einwegbecher (z. B. Joghurt)

Duroplaste: Kochlöffel, Steckdosen, Becher, Eierbecher, Tabletts, Helme

Elastomere: Gummistiefel, Schaumstoffe, Taucheranzüge, Autoreifen, Gummibänder, Schnuller

Lösungen

2 Wie wird Plastik hergestellt?

Aufgabe 5:

Polyethylen (PE)	Getränkekästen, Eimer, Verpackungsfolien, Plastiktüten, Haushaltswaren
Polypropylen (PP)	Lebensmittelverpackungen, DVD-Hüllen, Innenausstattung von Autos
Polyvinylchlorid (PVC)	Stiefel, Duschvorhänge, Fensterrahmen, Rohre, Elektrokabel, Kunstleder
Polystyrol (PS)	Lebensmittelverpackungen, Dämmstoff, Rettungswesten
Polyurethan (PUR)	Matratzen, Schuhsohlen, Lacke, Klebstoffe, Skier
Polyethylenterephthalat (PET)	Polyesterfasern, Folien, Lebensmittelverpackungen, PET-Flaschen

Aufgabe 6: Der Tidyman (vom englischen Wort „tidy" = ordentlich, sauber), im Deutschen auch Saubermann genannt, ist ein international bekanntes Zeichen, das Verbraucher bittet, Verpackungen und anderen Abfall umweltschonend in dafür vorgesehene Abfallbehältnisse zu entsorgen.
Der Grüne Punkt ist ein Markenzeichen des Dualen Systems. Es kennzeichnet Verkaufsverpackungen in Deutschland, die entweder im Gelben Sack bzw. in der Gelben Tonne, in Altglascontainern oder in der Altpapiertonne gesammelt und dann entsorgt bzw. recycelt werden. Aber auch Verpackungen ohne Grünen Punkt dürfen in die Getrenntsammlung.
Recycling: Es handelt sich bei dem Zeichen um eine freiwillige Kennzeichnung, die nicht mit einer bestimmten Qualität des Produktes verbunden ist. Es gibt lediglich an, ob ein Produkt wiederverwertbar ist beziehungsweise wie groß der Anteil von recyceltem Material in einem Produkt ist.

3 Die Eigenschaften von Plastik

Aufgabe 1: **a) + b)** PP schwimmt auf Leitungswasser, PS und PET gehen unter. Durch Zugabe von Salz zum Wasser erhöht man die Dichte der Flüssigkeit, sie wird schwerer. Beobachtet wird, dass nun PS auftaucht, während PET auch hier noch am Boden bleibt. So können diese drei Kunststoffsorten getrennt werden.

Aufgabe 2: Die Fasern können wiederverwendet werden, z. B. um Faltschachteln, Toilettenpapier oder Wellpappe herzustellen.
Sie können auch zu kleinen Chips gemahlen, erhitzt und zu Platten gepresst werden. Aus diesen Teilen kann man z. B. Schulbänke und Stühle herstellen.

Aufgabe 3:

a) Individuelle Lösungen.

b) Die Aluminiumschicht fungiert als Barriere, um Sauerstoff und Licht abzuweisen.

c) Die Fasern können im Anschluss daran wiederverwendet werden, z. B. um Faltschachteln, Toilettenpapier oder Wellpappe herzustellen.

d) In einer Anlage werden sie zu kleinen Chips gemahlen, erhitzt und zu Platten gepresst. Aus diesen Teilen kann man z. B. Schulbänke und Stühle herstellen.

e) Vorteile:
Der Getränkekarton ist für Licht und Sauerstoff (wenn mit Alu-Folie) undurchlässig. Dadurch wird die Zerstörung bestimmter Vitamine verlangsamt.
Er ist leichter als Glasflaschen.
Getränkekartons beanspruchen weniger Volumen im Vergleich zu Flaschen, die in Kästen gestapelt werden.
Nachteile:
Der Getränkekarton ist ungeeignet für kohlensäurehaltige Getränke, die Überdruck erzeugen können.
Er ist undurchsichtig. Dadurch sind der Füllstand oder Verfallserscheinungen wie Schimmelbildung nicht sichtbar.
Untersuchungen zeigen, dass Mikroplastik vom Verpackungsmaterial in den Inhalt und somit direkt in die menschliche Nahrungskette gelangt.

4 Plastik-Recycling

Aufgabe 1:

1	sammeln
2	zerkleinern
3	waschen
4	Arten sortieren und einschmelzen
5	Masse formen
6	neue Dinge herstellen
7	Getränkekisten, Spielzeug, Folien sind fertig

Lösungen

4 Plastik-Recycling

Aufgabe 2:

1. Der Müll wird angeliefert.
2. Ein Bagger bringt ihn zum Förderband.
3. Der Müll läuft übers Band.
4. Er wird dabei nach Arten sortiert.
5. Der Müll wird getrennt aufbewahrt.
6. Schließlich wird er zu Ballen gepresst.

Aufgabe 3:

a) Anhaltswerte: Man geht davon aus, dass sich Kunststoffe nicht vollständig auflösen.
Plastikbecher: 50 Jahre
Plastiktüte: 20 Jahre
Nylonstoff: 40 Jahre
Plastikflasche: 450 Jahre
Apfelgehäuse: 2 Wochen
Papiertüte: 6 Wochen
Papiertaschentuch: 3 Wochen bis 5 Jahre
Tetra Pak: 100 Jahre

Aufgabe 4:

Banane	3 - 4 Wochen
Wollsocke	1 - 5 Jahre
Papiertüte	1 Monat
Apfelkitsch	2 Monate
Milchkarton	5 Jahre
Lederschuh	25 - 40 Jahre
Plastiktasche	10 - 20 Jahre
Gummistiefel	50 - 80 Jahre
Plastikbecher	50 Jahre
Batterie	100 Jahre
Nylonshirt	30 - 40 Jahre
Windel	450 - 550 Jahre
Plastikflasche	450 Jahre
Fischernetz	600 Jahre
Glasflasche	ewig

Aufgabe 5:

a) Man muss zwar wenig dafür bezahlen, dafür werden viele PET-Flaschen einfach weggeworfen. In der Natur bleibt eine PET-Flasche mehrere hundert Jahre lang liegen, bis sie abgebaut ist.

b) Neben Getränkeflaschen werden auch andere Lebensmittelverpackungen sowie Behälter für Medikamente oder Kosmetikprodukte aus PET produziert. Da sich aus PET auch dünne Folien und Textilfasern herstellen lassen, können mit (recyceltem) PET auch viele andere Produkte gefertigt werden, etwa Polstermöbel, Fleece-Pullis, Zelte oder Freizeitjacken.

c) PET-Flaschen gibt es seit 30 Jahren.

d) Mehrweg-PET-Flaschen können bis zu 25x neu befüllt werden.

e) Der Code 01 am Boden der Flasche steht für PET.

Aufgabe 6:

a) Einer der wichtigsten Unterschiede zwischen Ein- und Mehrwegflaschen ist ihre Wiederverwendbarkeit. Während Einwegflaschen nur einmal genutzt und dann recycelt werden, können PET-Mehrwegflaschen bis zu 25-mal wiederverwendet werden.

b) Die Zeichen 1 und 4 stehen für Einweg, die Zeichen 2 und 3 für Mehrweg.

c) Italienisches Wasser legt bis Köln einen weiten Weg zurück, dazu sind Einwegflaschen nicht nachhaltig.

d) Eine Ökobilanz gibt Aufschluss über die Auswirkungen von Produkten auf die Umwelt. Eine Ökobilanz betrachtet den gesamten Lebensweg eines Produkts von der Rohstoffgewinnung und der Herstellung über den Transport und die Nutzung bis zur Entsorgung.

e) Einweg-Glasflaschen und Einwegdosen belasten das Klima am meisten, verbrauchen mehr Energie und verursachen mehr Abfall.

Aufgabe 7:

a) Verpackungen mit dem Grünen Punkt gehören in die Gelbe Tonne (Plastik, Alu, Weißblech, Materialmix wie Getränkekartons), ins Altpapier (Papier, Pappe) oder ins Altglas (Glasflaschen, Gläser). Der Grüne Punkt sagt allerdings selbst nichts darüber aus, ob es sich um eine umweltfreundliche Verpackung handelt oder ob das Material gut zu recyceln ist.

b) Seit 2009 wird der Grüne Punkt nur noch freiwillig abgebildet.

Lösungen

4 Plastik-Recycling

Aufgabe 7:

c) Ziel es Dualen System ist es, die Verschwendung von Rohstoffen zu minimieren und durch nachhaltiges Recycling Umwelt und Ressourcen zu schonen.

d) CO_2 ist ein Gas und wird auch Kohlenstoffdioxid oder Kohlendioxid genannt. Es kommt natürlicherweise in der Erdatmosphäre vor. CO_2-Emissionen entstehen durch die Verbrennung von kohlenstoffhaltigen Materialien wie Öl, Kohle und Holz. Daher ist die Menge der CO_2-Emissionen seit der Industrialisierung enorm gestiegen.

e) Achte auf möglichst wenig verpackte Produkte und Mehrwegflaschen!

f) Die richtige Mülltrennung ist Voraussetzung fürs Recycling.

Aufgabe 8:

a)

Altpapier	Restmüll	Gelbe Tonne	Biotonne
Zeitungen Kataloge Zeitschriften leere Kartons Briefumschläge Mehltüten Zuckertüten	Asche Kehricht Staubsaugerbeutel Kerzenreste Tapetenreste alte Lappen	Joghurtbecher Shampooflasche Duschgel Spülmittelflasche Konservendosen Tuben aus Alu Schraubverschlüsse Ketchupflasche	Laub Zweige welke Blumen Gemüseabfälle Rasenschnitt Kartoffelschalen Eierschalen Teebeutel Kaffeesatz

b) Individuelle Lösungen

Aufgabe 9:

a)

G	E	T	R	Ä	N	K	E	D	O	S	E		A	K				S	
					C					C			P	E			P	C	
J	O	G	H	U	R	T	B	E	C	H	E	R	F	T		T	L	H	
					E	A	L	U	F	O	L	I	E	C		I	A	R	T
	S				M					K			L	H		E	S	A	E
G	E	M	Ü	S	E	N	E	T	Z	O	S		S	U		F	T	U	E
M	N				D			U		L	P		A	P	N	K	I	B	W
I	F				O		F	B		A	R		F	F	U	Ü	K	D	U
L	F				S		O	E		D	A		T	L	D	H	T	E	R
C	L				E		L	N		E	Y		K	A	E	L	Ü	C	S
H	A						I			N	D		A	S	L	B	T	K	T
K	S			D	O	S	E	N		F	O		R	C	T	E	E	E	F
A	C									O	S		T	H	Ü	U		L	O
R	H		A	L	U	S	C	H	A	L	E		O	E	T	T			L
T	E									I			N		E	E			I
O	B	S	T	S	C	H	A	L	E	E						L			E
N		P	U	T	Z	M	I	T	T	E	L	F	L	A	S	C	H	E	

b) Auto - Fahrrad, Roller, Elektroauto
Plastiktüte - Einkaufsnetz
Einwegverpackungen - Mehrwegverpackungen
Kohlekraftwerke, Atomkraft, Sonnen- und Windenergie
Licht aus, wenn du nicht da bist
Müll nicht in eine Tonne, sondern trennen
Wasserhahn abstellen, z. B. während du die Zähne putzt

5 Alternativen zu Plastik

Aufgabe 1:

a) Die am weitesten verbreiteten Biokunststoffe werden aus stärke- und zuckerhaltigen Kulturpflanzen wie Kartoffeln, Mais und Weizen sowie aus Zuckerrüben und Zuckerrohr hergestellt. Daneben gibt es einige Biokunststoffe aus Ölsaaten, gemacht aus dem Öl der Rizinussamen, Leinsamen oder Soja.
Für den Anbau all dieser Pflanzen wird Ackerland benötigt. Deswegen sind viele Menschen besorgt, dass die Herstellung von Biokunststoff in Konkurrenz zu unserer Nahrungsmittelproduktion steht.

b) „Bio"-Kunststoffe sind derzeit nur eine Scheinlösung für die Plastikkrise. Die Hälfte der gesamten „Bio"-Plastik-Produktion wird für Einweg-Verpackungen verbraucht. Die Vorstellung, man könne „Bio"-Plastik einfach wegwerfen, weil es ja doch verrotten würde, fördert die Wegwerf- und Verschwendungskultur.

Lösungen

5 Alternativen zu Plastik

Aufgabe 1:

c) Es ist eine beträchtliche Menge an Energie notwendig, um zum Beispiel „Bio"-Plastiktüten herzustellen. Diese geht bei der Kompostierung vollständig verloren. Es entstehen auch keine Pflanzennährstoffe. Als „kompostierbar" gekennzeichnete Biokunststoffe sind nicht für den Kompost im heimischen Garten ausgelegt, sondern allenfalls für die industrielle Kompostierung. In den meisten industriellen Kompostierungsanlagen hat der Biomüll nur 4 Wochen, um sich zu zersetzen; oftmals zu wenig Zeit für den Abbau von Bioplastik.

Aufgabe 2:

Polymilchsäure (PLA): Verpackungen, Landwirtschaft und Gartenbau als Mulchfolie. Cateringartikel: temperaturempfindliche Wegwerfbestecke, Trinkbecher und Trinkhalme
Chitin: Mobiltelefone über Lebensmittelbehälter bis hin zu Spielzeug
Mycelium: ein gutes Isoliermaterial (Verpackungsmaterial für z. B. Glasflaschen)
Natriumalginat: Es ist in der EU als Lebensmittelzusatzstoff der Nummer E 401 zugelassen und wird als Verdickungs- und Geliermittel eingesetzt.
Weizen und Gerste: Sie eignen sich für die Herstellung zahlreicher Kunststoffprodukte (z. B. Thermoplaste) zur Fertigung von Formkörpern, Duroplaste zum Gießen besonders temperaturstabiler Formteile.
Stroh ist ein guter Dämmstoff.

Aufgabe 3:

Kartoffeln sind Lebensmittel, Bananenschalen dagegen Abfall, also sehr günstig und preiswert.

Aufgabe 4:

a)

Plastikkochlöffel	Holzkochlöffel
Frischhaltefolie	Bienenwachstücher
Plastikbecher	Glas, Porzellanbecher
Butterbrotdose aus Plastik	Butterbrotdose aus Edelstahl, Alu
Plastikflaschen	Glasflaschen, Alu-Flaschen
Plastikbesteck	Besteck aus Bambus, Holz
Plastiktüten zum Einkaufen	Netz, Stoffbeutel, Korb
Plastikbrettchen	Holzbrettchen
Synthetikpullover	Baumwollpullover
Joghurt im Plastikbecher	Joghurt im Glas

b) Individuelle Lösungen

Aufgabe 5:

a) Etwa 90 % der Kunststoffe werden wieder eingesammelt.

b) Der übrige Kunststoff wird in deutschen Müllverbrennungsanlagen verbrannt und nicht wiederverwertet.

b) Trinkhalme: Strohhalme, Halme aus Glas, Alu oder Edelstahl
Plastikbesteck: Besteck aus Edelstahl, Holz oder Bambus
Plastikteller: Bambus-Geschirr und Teller, Becher und Schüsseln aus Palmblättern oder Holz, und natürlich Glas oder Porzellan
Fast-Food-Verpackungen aus Styropor: Das sind nachwachsende Rohstoffe wie Zuckerrohr, Bambus und Pappe
Plastikbecher To-Go aus Styropor: Edelstahl, Porzellan oder Glas
Wattestäbchen: gibt es auch aus Bambus und Papier
Luftballonstäbe: aus Holz

Aufgabe 6:

Wiederverwendbare Wattepads, keine Kaffeekapseln, Eis im Waffelhörnchen statt im Plastikbecher, Spülbürste statt Schwamm

Aufgabe 7:

Individuelle Lösungen

Aufgabe 8:

Refuse: Verzicht auf Einmalbesteck, Plastiktragetaschen
Reduse: Nicht den 20. Pulli oder die 15. Jeans kaufen …
Reuse: Wiederverwenden von Schraubdeckelgläsern, Einkaufsbeuteln …
Recycle: Nur das Nötigste entsorgen (z. B. altes Papier und Glas).
Rot: Lebensmittelabfälle, Teebeutel, Kaffeesatz …

6 Mikroplastik

Aufgabe 1:

a) Mikroplastik ist heutzutage in allen Bereichen der Umwelt nachweisbar: in den Ozeanen, im Boden, in Flüssen, im Trinkwasser, in der Luft ...

b) Individuelle Lösungen

Aufgabe 2:

Von links nach rechts, von oben nach unten: 5, 4, 3, 1, 2, 6

Lösungen

6 Mikroplastik

Aufgabe 3: Individuelle Lösungen.

Aufgabe 4:

a) Primäres Mikroplastik kommt beispielsweise aus Granulaten in Kosmetik und Hygieneprodukten (wie Peelings, Zahnpasta oder Handwaschmittel). Sekundäres Mikroplastik entsteht durch die Zersetzung von Makroplastikteilen. Diese Zersetzung entsteht durch Witterungseinflüsse, durch Felsen, durch Salzwasser oder durch das Sonnenlicht.

b) Primäres Mikroplastik: Verlust von Ladung bei Schiffen, Waschmaschine, Abwasser
Sekundäres Mikroplastik: Müll in Flüssen; Tourismus; ungesicherte Deponien; durch Wind, Wellen und Sonne wird der Plastikmüll zerkleinert

Aufgabe 5:

a) Der Great Pacific Garbage Patch befindet sich im Nordpazifik zwischen San Francisco und Hawaii.

b) 99 % bestehen aus Plastik, 46 % aus ausrangierten Fischfanggeräten

Aufgabe 6:

a) Als Geisternetz wird ein Fischernetz bezeichnet, das beim Fischfang verloren ging oder absichtlich im Meer entsorgt wurde und seitdem dort herumtreibt oder sich am Meeresgrund verfangen hat.

b) Plastik zerstört vor allem Korallenriffe, Tangwälder oder Küsten.

7 Plastik – Fluch oder Segen?

Aufgabe 1: Individuelle Lösungen.

Aufgabe 2:

a) Handschuhe, Brillen, Zahnersatz, Spritzen, Prothesen, Verpackungen für Tabletten oder Verschlussstopfen für Impfampullen sind u. a. sinnvolle Einsatzgebiete in der Medizin.

b) Hygienische Einwegartikel vereinfachen die Arbeit, da sie nicht aufwändig sterilisiert werden müssen. Und natürlich kann man eine Spritze nicht an 2 Patienten benutzen!

c) Schläuche und Beutel sind durchsichtig, damit man sehen kann, ob sich eine Flüssigkeit darin befindet und welche Farbe sie hat.

d) Fußball: Schuhe, Trikots, der Ball ...
Fahrradfahren: der Helm, die Pedale, die Kabel, die Griffe am Lenker ...
Tischtennis: der Ball, die Beschichtung der Schläger, das Netz ...

Aufgabe 3: Individuelle Lösungen.

Sandra Noa

Unser Körper

Inhalt: Mein Körper ; So bin ich entstanden (Fortpflanzung, Embryo im Mutterleib, Baby, Zellen, Haare); So funktioniert mein Körper (Gehirn, Herz und Blutkreislauf, Lunge und Atmung, Muskeln, Verdauung); Sinne (Sehen, Hören, Schmecken, Riechen, Fühlen); Gesundheit (Immunsystem, Blutkörperchen, Bewegung) u.v.m.

52 S. | 10 729 | ab 14,49 € 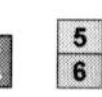  5 6

Henning Mertens

Viren, Bakterien & Co

Coronavirus SARS CoV-2 und andere Erreger

Grundlagenwissen über Viren, Bakterien und Pilze und deren einzelne schädliche wie nützliche Vertreter. Die wichtigsten Erkenntnisse zu Schutzmaßnahmen wie Impfungen und Antibiotika runden die Lernwerkstatt inhaltlich ab. Die Kopiervorlagen sind topaktuelles Unterrichtsmaterial im Zusammenhang mit dem aktuellen „Coronavirus", der unsere Welt gerade in Atem hält ...

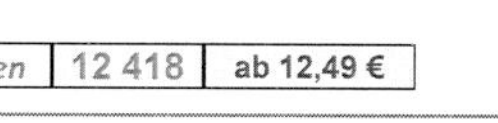
40 Seiten | 12 418 | ab 12,49 €  8 9 10

Friedhelm Heitmann

Epidemien & Pandemien

... biologisch & historisch betrachtet

Man spricht von einer Epidemie, wenn ein Krankheitsausbruch nicht lokal bleibt und sich weit ausbreitet. Werden Kontinentgrenzen übersprungen, spricht man von einer Pandemie. Während viele „klassischen" Erreger dank der medizinischen Fortschritte mittlerweile an Bedeutung verloren haben, stellen virale Infektionskrankheiten wie die Grippe oder COVID-19 eine fortwährende Bedrohung der Weltbevölkerung dar....

64 Seiten | 12 759 | ab 14,99 €  7 8 9 10

Gabriela Rosenwald

Gesundheit — Gesund leben – und gesund bleiben!

Inhalt: Was gehört zur Gesundheit?; Krank sein - was ist das?; Mikroben, Kinderkrankheiten, Allergien; Hygiene und Sauberkeit, Händewaschen, Kopfläuse; Gesundheit rund um die Schule (Schulstress, Prüfungsangst, Mobbing ...); Schlaf; Nahrung; Nahrungspyramide u.v.m.

64 Seiten | 11 353 | ab 14,49 € 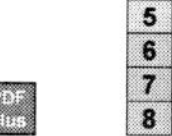 5 6 7 8

Birgit Brandenburg

Bionik — Biologie als Vorbild für die Technik

Bionik hat sich zu einer etablierten Wissenschaftsdisziplin entwickelt. Doch was bedeutet Bionik? Wie fanden Vorbilder aus der Natur Eingang in die Technik oder Architektur? Bionik hat Zukunft in einer Welt, in der wir uns auf die Einflüsse der Natur besinnen sollten. Die Schüler sollten sich daher früh mit dem Thema auseinandersetzen und selbst bionische Sachverhalte erproben.

64 Seiten | 12 079 | ab 14,99 €   5 6

Dr. rer. nat. Beate Liebig

Genetik und Vererbung

Inhalt: Zelluläre Grundlagen der Vererbung (Vergleich Tier-/Pflanzenzelle, Aufbau des Zellkerns, Zellteilung, Chromosomen, DNA, Replikation der DNA ...); Vom Gen zum Merkmal (Transkription und Translation, Modifikationen ...); Mendel'sche Regeln; Gentechnik – Fluch oder Segen?

52 Seiten | 11 096 | ab 14,49 €  7 8 9 10 11

Dipl.-Biol. Stefan Lamm

Gentechnik — Dem genetischen Fingerabdruck auf der Spur

Inhalt: Der universelle genetische Code; Genetische Scheren als Werkzeuge; DNA-Wanderung im elektrischen Feld; Gen-Taxis zur Übertragung von Fremd-DNA; Genetischer Fingerabdruck & Gen-Krimi; PCR, die Revolution in der Gentechnik: Grüne/rote/weiße Gentechnik; Gentherapie u.v.m.

64 Seiten | 11 270 | ab 14,49 € 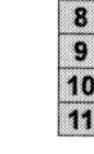 8 9 10 11

Michael Freund

Die Evolution des Menschen

Mit einem Alter von 3,2 Mio. Jahren ist „Lucy" ein wichtiger Beleg für die Menschheitsgeschichte auf dem Weg vom Urzeitaffen bis zum modernen Menschen. Neben Lucy, einer Vertreterin der Gattung Australopithecus, gab es noch weitere Stationen in der Evolution des Menschen. Diese Lernwerkstatt trägt den Stand der Forschung zusammen und präsentiert anschaulich über welche interessanten Wege sich die Gattung Homo entwickelt hat. Aus dem Inhalt: Out-of-Africa-Theorie; Homo habilis; Homo erectus; Homo neanderthalensis u.v.m.

64 Seiten | 12 761 | ab 14,99 € 

Gabriela Rosenwald

Die Müllzwerge

Der tägliche Müll – wohin damit?

Inhalt: Müll-Lexikon; Umgang mit Müll früher/heute (Geschichte des Mülls, Recycling); Die Müllzwerge (Müllzwerge aus Abfall); Restmüll (Restmülltonne, Müllverbrennungsanlage); Altpapiermüll (Aus alt wird neu, Schlappen aus alten Zeitungen ...); Gelber Sack und gelbe Tonne („Duales System", Tetra Pak, Konservendosen, Getränkedosen); Biotonne (Biomüll ...) u.v.m.

56 Seiten | 11 020 | ab 13,49 €

Alfred Winter

Umwelt & Umweltschutz

Warum Nachhaltigkeit wichtig für die Zukunft ist

Inhalt: Veränderung der Umwelt; Wozu brauchen wir Erdöl?; Was ist Umwelt?; Umweltprobleme; Treibhauseffekt; Umweltschutz; Was ist Energie?; Klima und Abfall; Müll aus Haus und Küche; hartnäckiger Müll; aufgeräumte Landschaften; tropischer Regenwald; Deiner Umwelt zuliebe!; Sinnvoll einkaufen; Tipps für den Alltag u.v.m.

56 Seiten | 11 361 | ab 13,49 €

Petra Pfister & Christiane Zettl

Mobilität & Verkehr — Verkehr früher, heute & zukünftig

Eine Fülle an Infos sowie abwechslungsreiche und motivierende Aufgaben zu den Themen Mobilität, Geschichte der Fahrzeuge, Öffentlicher Personennahverkehr, Fernreiseverkehr, Auswirkungen des Verkehrs auf Mensch und Umwelt sowie Fortbewegung in der Zukunft. Wir leben in einer Zeit gravierender Veränderungen und Fortentwicklungen – ein spannendes Thema, das die Schüler elektrisiert und zum Weiterdenken anregt! Denn die große Frage lautet: Wie wird sich unsere Art, von A nach B zu kommen, weiterentwickeln?

48 Seiten | 12 514 | ab 12,49 € 

Anne Scheller

Verkehrserziehung

Vom Fußgängerdiplom bis zum Fahrrad-Parcours

Inhalt: Verkehrsspielplatz; Verkehrszeichen; Zu Fuß unterwegs (Über die Straße, Links oder rechts?, Schulweg, Achtung Gefahr!, Fußgängerdiplom); Auf Rädern (verkehrssicheres Rad, Anfahren, Abbiegen, Radfahr-Parcours); u.v.m.

56 Seiten | 10 917 | ab 13,49 €

Stefanie Volz & Siegfried Volz

„Hilfe – es brennt!"

Geschichten, interessante Aufgaben und geschichtliches Wissen zum Thema Feuer und Feuerwehr sind spannend und eindrucksvoll.

Inhalt: Geschichte der Feuerbekämpfung; Entstehung des Feuerlöschwesens; Ausrüstung & Aufgaben der Feuerwehr (Feuerwehrmann, Rettung nach der Drehleiter); Gefahren durch Brände; Freiwillige Feuerwehr u.v.m.

64 Seiten | 11 068 | ab 14,99 € — Alle Stufen

Stefanie Gast & Siegfried Volz

Feuerlöscher

Diese Lernwerkstatt enthält unter anderem spannende Erlebnisgeschichten. Nebenbei wird vermittelt, wie Brände verhindert bzw. gelöscht werden können. Eines der wichtigsten Hilfsmittel bei der Brandbekämpfung ist z.B. der Feuerlöscher. Funktion und Einsatz sowie die verschiedenen Löschmittelinhalte von Feuerlöschern werden beschrieben.

72 Seiten | 11 470 | ab 15,99 € — Alle Stufen

Siegfried Volz

Todsünden im Brandschutz

Das Thema Feuer – hier: Verhalten bei Bränden – ist bei Kindern an sich schon beliebt. Hier wird es mit Tatsachenberichten durchgearbeitet: Was falsch und was richtig gemacht wurde, soll herausgefunden werden. Also genau die emotionalsten Punkte einer realen Situation. Es gibt erwiesenermaßen nichts, was besser im Gedächtnis bleibt.

64 Seiten | 16 012 | ab 14,49 €  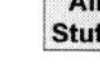 Alle Stufen